SV

Friederike Mayröcker

Paloma

Suhrkamp

Druck: Druckhaus Nomos, Sinzheim
Printed in Germany
Erste Auflage 2008
ISBN 978-3-518-41956-4

1 2 3 4 5 6 – 13 12 11 10 09 08

Paloma

für Iris Radisch

1.

lieber Freund,

die weiszen Lilien die du mir zur Tür gelegt hast, sind eine grosze Lust mein Schreibzimmer voll Glanz und Duft : das wird mich anfeuern zu schreiben – sonst geht es mir gut, ich schreibe fast nur noch Gedichte. Bei mir um die Ecke ist gerade der Flieder *aufgebrochen.* Die Vielfalt im Fenster vis-à-vis hält mich in Atem (Arzt und Alzheimer) : da wechseln die Gegenstände wie Bühnen Kulissen, *corso*, es ist sehr erbaulich : heute gelbe Gieszkanne neben Azaleenbusch und gelber Fleck einer auftauchenden Person, ein dämmriges Interieur, Umarmung

3.5.06

2.

lieber Freund,

viele Tage und Nächte durch chin.Land mit der Eisenbahn, im Laub eines Baumes eine enorme Frucht, ein roter Apfel, durch blühende Wälder und Wiesen meine Mutter auch dabei, so süsz der Schlaf am Morgen wenn auf die rechte Seite gedreht, auf den kl.Polster, dann eine gewonnene Kraft am Morgen : die neue chin.Malkunst Bild eines jg.Priesters »comrade 120« von Zhang Xiaogang. Am Morgen als ich auf eine Larven Röte stiesz und so tat als läse ich die Schrift an der Wand, voll gestopft mit Kopf Ensembles dann geht die Sonne auf, es ist halb sieben, die trockenen Besen aufrecht stehend an den Fenstern, noch keine Blüten, »in Stürmisch Lieb und Tanz« von Johann Strausz, Morgen Musik, Jimi Hendrix (Gitarre) kaufen, ich schlafe so behutsam / vorsichtig weil am Bettrand rechts ein Notizbuch mit Stift und Bett Radio, wie Mutter einst und damals, als ich in ihrem Bette schlief, sie fürchtete, mich im Schlaf zu erdrücken. Damals der Markusplatz schwarz von Menschenköpfen (wo hatten die Blondinen gesteckt?) sie war so ein Ästhet ich spreche von MAMA, sie war so eine MAMA sagt Edith S., *solch eine Quell Behandlung*. Das Glas aus dem ich am Morgen trinke, riecht nach Pilzen genauso die Nachzeichnung der Zebrasteifen auch diese nach Pilzen riechend. *Der Stolz des Waldes*, bei Peter H. zu Besuch in Paris, irgendein Vorort, darf ich Ih-

ren Rücken befühlen, sage ich, diese Garten Plantagen
mit Äskulap Natter

4.5.06

3.

lieber Freund,

ich versuchte, Peter H.'s Rücken zu befühlen der Rükken war rund und glänzte – heute nacht träumte mir von Andreas O., *er führte mich aus* wir gingen essen, die Blütenblüte meiner Vermögen, schreibt Pia-Elisabeth Leuschner, er, Andreas O. lüftete mein Kleid (»Glockenrock«) ich war nackt unter dem Kleid, was ihn vergnügte, ein grünes Kraut ein welsches Kraut im Fenster wächst ein welsches Kraut, dahinter die Gardine ganz verstaubt mit bunten Schnüren hochgebunden und Peter H. schreibt, hier ist alles weisz, von Blüten, wir sagten zuhause immer BETTVORLEGER zu den kl.Teppichen die vor dem Bett lagen. Ja, tagelang musz man verzweifelt warten eigentlich ganz abgestumpft dösen : man kann nichts erzwingen vielleicht hat man abgeschlossen mit dem Schreiben man wird wohl nie mehr etwas schreiben können . . Tränenpalast : S-Bahn Station in Berlin, es riecht nach Schlüsselblumen und Veilchen Buschwindröschen und Klee wenn ich die Tür öffne das Fenster wenn der Wind durch den Busch geht was für ein Wort, wo die Füsze glitzern

5.5.06

4.

lieber Freund,

ich weine die Zeitungen liegen auf dem Boden vor meinem Bett Jacques Derrida liegt auf dem Boden vor meinem Bett das welke Blatt liegt auf meinem Schreibtischchen (Klapptischchen) die Glühbirnen sind ausgebrannt ich habe geträumt weisz nicht mehr was, ich spiegelte mich in den Armaturen des Waschbeckens : winziges Abbild, ums Tor geflochten des Schneidersalons eine Efeuranke *im Rausch*, beim näheren Hinsehen ein jg.Lindenbaum, du fragst mich wie es mir geht und was ich mache ich glaube ich bin bedrückt und ich versuche zu schreiben, entdecke täglich ja stündlich neue Krankheiten (Malaisen), die schwarzen Augen am Morgen im Augenwinkel die schwarzen Punkte, ich liege noch lange halb angezogen auf meinem Bett habe nicht die Kraft den Tag zu beginnen »mein Vögelchen kömmt nicht« Immanuel Kant, keine Kraft aufzustehen, es geht zu Ende, es ist ein lieblicher Frühling, glaube ich, ich lese Molloy von Samuel Beckett, aber dazwischen andere Bücher, ich suche nach Erklärungen wie man leben soll, finde keine ich schlage ein paar Bedeutungen im Konversations Lexikon nach, suche nach ein paar Wörtern im engl.Dictionary, mich brannten die Fuszsohlen, *ich bin Tippse* »calmiente« und »therme« habe italienisch geträumt, soll zu Bildern von Maria Gruber Texte machen, *ist ein Lächeln im Fenster Gefunkel* der vis-à-vis-Nachbar im Trainingsanzug die lila Glocken im Frühlingslicht unter dem Fenster ein weiszes Kästchen im Fenster von vis-à-vis, im Fenster eingeklemmt eine Jeans zum Trocknen, kein Meeresrauschen der Muschel am Ohr

6.5.06

5.

lieber Freund,

manchmal die Vorstellung : bin Versehrter im Wägelchen – die grünen Büschel am Götterbaum im Garten, ein Lauch in der Küche verbreitet rasch seinen Duft, *das Herz nach Döbling*, wollen wir nicht mal über Land fahren an die blühende Donau zB, oder wohin immer, das freundliche jüdische Paar das ich meistens im Hartmann Park antreffe, sagt, jetzt ist Winter aber im Frühjahr wollen wir Sie zu uns einladen wenn Sie Zeit haben (*zur Zeit meiner schönsten Jugend*) am wenigsten mag ich das Sprechen zu einem Gegenüber da geht mir die Luft aus, habe dann das Gefühl ich beraube mich der letzten Reserven (flüchte wenn es ganz schlimm wird auf die Toilette), am liebsten allein spazieren oder Lektüre (»Die Postkarte«), ich liebe es, Reinhold P. aufzusuchen in seiner Buchhandlung : man wird ja ein besserer Mensch wenn man eine Weile mit ihm zusammen ist. Mutter in meinem Traum hatte rabenschwarze Haare und frischen hellroten Lippenstift aufgetragen ein langer Traum

8.5.06

6.

lieber Freund,

wenn ich in den Garten hinunterschaue eigentlich Garage mit jungem Park darüber höre ich die Wipfel der Bäume rumoren im grünen Sturm ein erregender Anblick. Habe mir sehr den Mai gewünscht mit den romantischen Fittichen, die Träne quillt der Mai mit Blüten bekränzt und Flügel des Winds um den Schädel wenn ich das Fenster aufschlage (Revolutions Pulver eingenommen). Ich hoffe, dasz du den aufbrechenden Frühling in vollen Zügen und mit Wortanfällen genieszt, schreibt Christel F., und möglichst viel davon siehst. *Sehe die Pyramiden vom Fenster aus am Horizont*, hoffe, du hast was zu liebkosen das bringt Glück, so Jacques Derrida, habe mir »innen« von Hélène Cixous besorgt, bis jetzt nicht sehr eingenommen davon (zur Zeit meiner schönsten Jugend / astgabelte) lach mich nicht aus, man musz an die Zukunft denken so schön es ist im Augenblick zu leben : der Umgang mit sich, dem Dilemma und der Welt ist selbst an sonnigen Tagen wie heute mühsam genug : die grünen Büschel Haarbüschel im Garten der verklärte Himmel die Sonnenbahn die Religion der dunklen Wälder, habe hier angeheftet am wackeligen Schreibtisch einen handgeschriebenen Brief von Peter H., laufe barfusz hinaus auf die Strasze, habe mich vor der Kirche bekreuzigt sobald niemand mich beobachtet . .

Mutter im Traum hatte rabenschwarze Haare und frischen tiefroten Lippenstift aufgetragen lange Träne

10.5.06

7.

lieber Freund,

am Fenster gestanden, mich an der Mittagssonne erwärmt, über den Turmspitzen Laub Bäume kugelförmige Wipfel, Silhouette : grüne Wälder und Berge am Horizont / Flieder. Seit dem ersten Tagesanbruch im Fenster vis-à-vis die grüne Wildnis und die gelbe Kanne, oder : im Fenster vis-à-vis die Totenkammer das fahle Buschland und die schwarze Schärpe. Immer nur Beschreibungen Beschreibungen, sagt Peter H., *nie Reflexionen*, ein Klimt Bildnis auf dem Fliesenboden im Flur, musz ein Foto machen lassen : Automaten Foto für neuen Reisepasz für wieder acht Jahre – ob ich das noch erlebe? habe mir so den Monat Mai gewünscht, mit seinen klassischen Fittichen / Schwingen, »dir die Füsze in helle Wärme unter feinblauem Himmelsgestrüpp«, schreibt Sabine H., »würde so gerne Oswald und dich in Ruhe wiedersehen, es ist nichts am Horizont, Wien so lange nicht zu sehen, das kommt mir in Schüben nah, das Gemüt, hier ist kein inneres Schwärmen . .«
diese Pest Füsze und Unmuts Tropfen, ein Wimpernschlag in der menschlichen Entwicklung ein Wiesental, diese Kränze damals, die sie (Mutter) geflochten hatte, damals in P., diese Musik Kränze – und dann taumelte sie die hohe Wiese hinab (im eingewebten Kamel / mit Rosendornen)

18.5.06

8.

lieber Freund,

auf einmal wird unter meinen Händen alles lebendig, es tummelt sich alles, ich habe heute die ganze Nacht von IHM geträumt, die ganze Nacht mit IHM unterwegs, habe mich selbst gesehen in einem groszen Spiegel, und ich lächelte meinem Spiegelbild zu, mit lichten Augen wie Marina Vlady's, habe mir einen Topf kaltes Wasser über den Kopf gestülpt, ein Schlachtmesser mit der Spitze nach unten in einem Winkel des Foyers eines Kinos, ein dämmriges Desaster : schaut der Vogel weg, ist es ein schlechtes Zeichen, im vis-à-vis Fenster flattert ein gelbes Hemd, *mir schwebt etwas vor* wie von Blumen und Vögeln, etwas Zartes, in vielen Farben Leuchtendes, heute fächelte die Sonne wie der Wind, in der Nacht jagt ein Hustenanfall den anderen, ich überlege, ob es nicht an der Zeit wäre, einmal nach deinem Wohlergehen zu fragen, ein moralischer Reflex. Ein Gedanke taucht auf, und taucht sogleich wieder unter, ohne dasz ich ihn festhalten könnte, Grundlage meiner Frömmigkeit – habe mit Dr.Esche telefoniert, werde ihn am Wochenende treffen zusammen mit seiner nach Wien entliehenen Tochter, Jacques Derrida hat mir dazu verholfen, meine verlorene = untergegangene Sprache = Stimme wiederzugewinnen, einige Geruchsstörungen heute morgen, die ungewaschenen Strümpfe, die Schalen der am gestrigen Abend verzehrten Zuckermelone im Abfalleimer unter dem Tisch, an dem ich frühstücke, *die simultanen Fenster*, Komposition mit zwei Papageien von Fernand Léger, ich musz an die zwei bis drei Füchse am Waldrand denken im Liebesrausch, wie Valérie B. mir schrieb. Diese meine unerwartete Beflekkung = Besudelung mit 15, wie sehr ich erschrak usw., wenn ich verreiste, wurde ich von ihr / von Mutter gezeichnet mit dem Zeichen des Kreuzes, damals, als wir, ER und ich, die Patienten des Dr.Navratil im »Haus der Künstler« (Psychiatrie) besuchten und auf einfachen Holzbänken neben einander saszen und die Fotografie zeigte, dasz wir in verschiedene Richtungen blickten, ER nach rechts : *suchenden Auges*, ich nach links : *suchenden Auges*, im Wechsel der Töne, wonach, so frage ich mich heute nach so vielen Jahren, waren wir auf der Suche gewesen. Und in der Nacht, wach liegend, hörte ich wie FEDER : federleicht ein Taschentuch auf den Boden neben dem Bett fiel

23.5.06

9.

lieber Freund,

vom Fenster aus der Blick auf die grünen Schöpfe der Bäume im Park, damals meine Mutter wollte mit dem Sterben nicht warten auf mich, *machte sich aus dem Staub* ehe ich kam (was für ein Wort!), ich hielt Nachtwache, sie war am Morgen noch warm, und was ich gesehen hatte *es sei ein Kleinod* (sagt man so? Valérie B.), durchaus Tauben im Flieder : zum Himmel aufgefahren. *Meine Pilgerschaft meine Paloma* – habe deine Stimme im Ohr, da liegt alles drin was du bist, gestern klang deine Stimme wie Fredy K.'s Stimme samtweich schmiegsam melancholisch, Kirschen im blauen Lavoir, musz puristischer arbeiten. Die grüne Wildnis die halbe Gieszkanne ein Kleiderbügel am Fensterkreuz vis-à-vis schmutzig graue Gardinen gebauscht und mit grünen Schnüren zusammengehalten, Blätter vom Fliederbaum in einem Wirbel durch die Luft, ein nervöser Verkehr . . in der Schlüsselgasse ein Park nach IHM benannt, der hostienbleiche Himmel. Jetzt ist Spargelzeit in Berlin, musz Berlin absagen, werde dich also nicht wiedersehen können, *das Herz nach Döbling*, Sirenen Blumen Oleander Orchideen Jasmin : ein weiszer Rausch von Blüten – habe seitenweise im Traum geschrieben (kalligraphiert), und ER fragt, sind deine neuen Aufzeichnungen im Stil deines jüngsten Buches oder anderswo angesiedelt, abermals die Träume von IHM und mir, im heutigen Traum war ER schon krank es war wilder Sommer er solle sich einhaken, im Traum ein Gemälde von Miró : blumenfarbener Himmel und gelbes Gemäuer, habe das Bild noch vor mir, und nach dem Aufwachen noch einmal nach rechts gedreht auf den Zipfel des Kopfpolsters, Diminutive sind zu vermeiden – dein Angesicht und Abendlied von Schumann, das kommt mir in Schüben nah, das Gemüt, kennst du Jim Dine?

24.5.06

10.

lieber Freund,

eine Frisur im Fenster doppelter Vorhang mit weiszen Schnüren gebündelt, üppige grüne Pracht oder Wildnis im Fensterwinkel, habe ein Gedicht geschrieben für Georg Kierdorf-Traut, ihm gewidmet. *Roma im Fenster* das künstliche Licht im Wettstreit mit den Fackeln der Morgensonne, Scardanelli im intimen Austausch mit IHM, die Hausberge Habsburger rücken näher heran, die kühlen Lüfte des blauen Tags »sei solo«. Sabine H. schreibt, warte in spätere Jahre hinein, genaugenommen circa in sieben Jahren, ich wehre mich dagegen »circa in sieben Jahren« zu denken weil vielleicht schon gestorben, wünsche und hoffe dein Wohlergehen nämlich ob es ein Wohlergehen gibt würde dich gerne besuchen, *bezaubert herzl.Grüsze*, ist schon elf Uhr vorbei, auf meinem Schreibpult ein Mistelzweig, sitze zuhause trinke lauwarmes Wasser esse kernlose Trauben, bin in der Tube in meiner Krankheit, die Krümel meines Bewusztseins unter dem Tisch, lege Bach-CD auf : Italienisches Konzert, BWV 971, Cumulus Sommer Gewölk, stationär, Tauben im Flieder . .

25.5.06

11.

lieber Freund,

die Heckenrosen Narzissen Lupinen im Fenster ich schaue in den Regen hinaus, die Pyramiden am Horizont : Nachbilder der Wolken. Wieder habe ich nicht geschlafen nur geschlummert aber sehr viel geträumt, habe mich *gemausert*, meine Krankheit fast ausgeheilt, fühle mich wiederhergestellt voll neuer Kraft, habe mit Marcel B. telefoniert, ein Herz Atem blitzt mir durch Kopf und Brust, so viel Toben und Donnern ihr Vielgeliebten ein Liebesengel in der Tiefe des Zimmers. Wieder flanieren wieder spazieren wieder murmeln und hinstreunen, inzwischen ist Mai und Frühling, *musz nachdenken, über das Schreiben*. Du schreibst von einem rot schimmernden Insekt das dich schokkiert attackiert und sich hubschrauberartig VERTIKAL auf dich gestürzt hat, sirrend, vielleicht waren es deine roten Stiefel, die das Insekt angezogen haben, die Vögel schreien, ich träume von einem Lastauto voller Christbäume mitten im Mai, ein weiszer Mann : ein weiszes Hemd schaukelt im Wind im Fenster vis-à-vis die Vogel Sonne fliegt und fliegt wie Ballon – ach meine Demenz : die Assoziationskraft noch vorhanden aber paar glühende Verwüstungen in meinem Schädel, eine Ozean Wildnis und Kusz Landschaft, habe Angst dasz ich auf IHN vergesse

29.5.06

12.

lieber Freund,

das Gemälde am Himmel am Morgen wenn ich mich aus dem Fenster beuge, der Duft der Narzissenfelder wie zitternde Wolken zu mir herauf, ein funkelnder Wind . . wie er, G., sich verteidigte : »habe nichts mit ihr . .« behalte es immer in meiner Erinnerung. Damals, als ich mit IHM aus der Bahn stieg ein grüner Streifen von Wiese / Matte Waldgespinst vor uns, wir waren schwärmerisch die Pergola tief in dem Hirschgarten, die winzigen Bisse von Knäckebrot lieszen mich an die winzigen Schritte von Edith S. denken als sie versuchte, sich an den langsam gewordenen Rhythmus meiner Schritte anzupassen – so muszten wir beide lachen. Die braunen Papiertücher im Fenster vis-à-vis, im hohen Glas die schwankenden Wiesenblumen, die gelbe Gieszkanne, das spitze Messer. *Ganz leise mit meiner Zunge um die Süszigkeit nachzuschmecken;* rufe die 95-jährige Tante an, sage zu ihr, möchte dich bald besuchen : habe schon Sehnsucht nach dir, worauf sie erwidert, das hat schon lange niemand zu mir gesagt, usw., im Westen die untergehende Sonne, langsam unter dem Dach der Lindenallee, sauge den Duft, denke an deinen jüngsten Brief

2.6.06

13.

lieber Freund,

die Vielfalt im Fenster vis-à-vis hält mich in Atem, es ist so *eine Donauwelle*, ach das domestizierte Fenster, die Vorhänge hinters Ohr gestreift, geschwungen, das ist so heimatlich ein Kleiderbügel am Fensterbrett, Nebellicht dringt ein, konstruierte Ruinen, bisher kein Tag ohne Nelken nur ein Tag ohne Menschen, vom Hang drüben Braunvögel zirpen, wäre ein Wunsch von mir, mit dir durch die Wälder zu streifen, schreibe mir wenn du Zeit hast und eile nicht weg von mir. Eine Finsternis ist über mich gekommen, ein vertrockneter gelber Apfel mit Altersflecken in der Obstschale, geflockter Himmel wenn ich mich aus dem Fenster beuge, ein kalter Wind und am Auslug die bewaldeten Höhen. Vielleicht unser Briefwechsel als Faksimile, wenn du einverstanden bist – mit dem eigenen Körpergewicht auf dem Lehnstuhl sitzend mit dem Lehnstuhl rückend beinahe den Fuszknöchel durchstoszen, ohne Zofe. Oh und wie ich gesehen habe *ärmellos diese Kirche* inmitten des Südtiroler Platzes, diese Hingabe an das Grün diesen Morgen, die Musik musz irgendwie fliegen, das Badekostüm schwankend im Fenster, DIE DAME, Fahrerin, betrunken, paszte sehr auf den Weg auf. Kl.Wildtaube auf dem Dach, plötzlich fiel es mir ein, am Frühstückstisch, Ossi Wiener, um die Stadt kennenzulernen, tagelang mit der U-Bahn quer durch Berlin, fliegende

Erle in meinem Kopf usw., *alles vom Fenster Busch überschattet*

5.6.06

14.

lieber Freund,

glitzernder Morgen brillantes Blau, die Schatten der Vögel fliegen hoch, dachte um elf Uhr nachts es sei schon Morgen, immer noch der *strenge Lufthauch* am Morgen wenn ich das Fenster öffne –
im Studiengang sollte erzählt werden (verteilte Rollen), es war eingeübt worden aber manche Kollegen sprechen stockend, auf einem Box-Tengor-Foto war ich abgebildet bei der Toilette auf dem Berg (mit Auszenrolle) als 14-Jährige, kalter Sommermorgen, im Freien : Lavoir auf einem Stuhl, jemand hatte geblitzt, *Schweiszgebet*, ich hustete immer noch. Tegethoff : das Schiff war in der Mitte gerammt, Tegethoff-Denkmal : die beiden Seitenteile des Schiffes standen links und rechts heraus. Sechs Portionen des Medikaments gegen *Wangen Blässe* von Dr.K. injiziert, habe nicht wirklich geschlafen, gegen drei Uhr, eher geschlummert (nackt), solide Grundschule absolviert, wurde gottlob zum Alphabeten erzogen : lesen und schreiben was für ein Vermögen was für ein Stolz – ich sei ein Schamane geworden (Scharlatan) und leicht erschöpft am Morgen, *wir sind einander nahegerückt* –
du kannst den Unterleib noch so oft waschen baden, sagt Ilse H., nach einer Stunde kommt der Geruch wieder hoch, usw.
Marcel B. mit bloszem Oberkörper duftend nach Seife in einem Museum in Paris, Erika T. auf einem Sofa mit

Bonbons raschelnd, dazu ein Impromptu von Chopin, ich, im Profil, also ich wuszte dasz ich so sasz *im Salon* dasz man mich im Profil sehen konnte, Erika T. war mit Klaus K. liiert, usw.
Ich bürste die Luft nämlich über die fehlenden Zähne hinweg, der häszliche Mund geprägt von den vielen Lügen meines Lebens : *Lebenslügen* – der Mund einen Spalt offen wie Model (»entspannt«)
Schlafzeit / 60,7 Kilogramm am Morgen

8.6.06

15.

lieber Freund,

denke mit Blutstropfen an Éluard mit Glühfäden an Pyrenäen, damals der frz.Germanist sagte zu UNS, wenn morgen schönes Wetter ist, werden wir die Pyrenäen sehen, am nächsten Tag regnete es, das war '71 auf UNSERER Lesereise durch Frankreich . . im Fenster vis-à-vis ein hohes Glas mit Wiesenblumen : Steinnelken daneben ein Messer, als ich vor einigen Tagen den Befund vom Lungenfacharzt in die Hand gedrückt bekam, hatte ich die Vorstellung eines Albtraumes / Albatros. Alte Olympia in einem kl.Holzgefährt zum Altwarenhändler gekarrt (greiser Patient in Hospital), nicht wirklich geschlafen heute nacht heute früh, vielmehr geschlummert, aufgewacht von der Regung dem Antrieb dasz ich etwas aufschreiben sollte irgend Traum oder Vorstellung, sagte mir heute früh Valérie B., sollte der Vater wieder zurückkommen, *müsse er wieder zurückkommen* in den Garten die wunderschönen Blumen zu gieszen, sitze auf dem zusammengerollten lichtblauen Bademantel an der Bettkante, gebe mich meiner Mattigkeit / Zerrüttung hin (*Nachtigall*), dann bin ich wieder eingedöst, Mikael V. schreibt aus Viareggio am Ligurischen Meer, an dessen Küste Shelley ertrank, die kl.Büschel Gras zwischen den Pflastersteinen, *Pfoten*, ich nahm gewahr, dasz du mir nicht gleichgültig bist, obwohl wir laufen wie Parallelen, wir werden einander nie berühren können, aber wir weichen auch nie

von einander ab, wir überschneiden uns in Unendlichkeit nicht (Elisabeth Schäfer), habe Angst dasz ich auf IHN vergesse, blättere in der Zeitung ohne zu lesen weil keine Brille, verweigere die Speisen möchte nüchtern bleiben / gottlos?
von Florenz weisz ich nur noch den Blick auf die Stadt von einer Anhöhe aus, den Blick auf den jungen Olivenhain, hocke in der Jasminhecke, es ist weisze Kuh weiszer Stehkragen = PLAZA, was ich nicht möchte : diese *Batzen* Holunderblut oder -blüte herausgebakken für die Mahlzeit, von Mutter . . rumort es mir in der Seele ziehe Wangenfleisch ein

9.-11.6.06

16.

lieber Freund,

meine Kino Augen. Am frühen Tag der tiefe lautlose Blick in das Zimmer vis-à-vis sanft schimmernd im Morgensonnen Licht, kein Bewohner zu sehen, von Blüten leer – ich fürchte ich habe meinen jüngsten Brief an dich falsch adressiert, diesen richte ich jetzt an deine Privatadresse . . es ist halb fünf Uhr früh, finde keinen Schlaf mehr, heute Fronleichnam und Taubengurren, glänzender Morgen. Damals, Vater hatte ein Furunkel am Rücken, das operiert worden war, lag bäuchlings auf dem Sofa, trotz der Schmerzen kein Klagelaut. Träumte, dasz ich die Telefon Nummer der Eltern vergessen hatte (»die Eltern sind wie ein goldener Zaun«), sah undeutlich die Ziffern 5 8 1 8 an der Wand, die übrigen nicht auszunehmen am Tag zuvor beim Augenarzt gewesen, sollte Zahlen an der Wand vorlesen, konnte aber nur die gröszten Zahlen entziffern, ich träume, ich gehe mit jemandem den ich nicht erkenne Hand in Hand und Aug in Aug, und Mund an Mund. Maria Grandegger die ich im Café Tirolerhof treffe sagt, ich nehme gar keine Schlüssel mit wenn ich ausgehe, weil Martin immer zuhause ist, usw., ein Straszenschild zeigt auf PRÄRIE. Die Dinge so sehen wollen wie sie ohne mich aussehen würden, also wenn ich tot bin, auf einem Spaziergang die Stephanskirche zB und denken, sie wird immer so dastehen ohne mich, wenn ich gestorben sein werde, *in meiner Wüste*, etc. Also das

Schreiben das spricht, Hélène Cixous, als ich ein Kind war und schrieb wie ein Kind, damals, als ich sonntags immer meine Eltern auf dem Land besuchte, über den Heckenrosen Gang zum Haus auf der Anhöhe.
Ich balancierte einen leeren Pappkarton auf dem Kopf und so ging ich durch die Stadt, Ossi Wiener elegant in schwarzem Anzug kam mir entgegen, es war als der Groszmarkt am Ende der Strasze geschlossen worden war – du hast immer etwas zu liebkosen das bringt Glück, Derrida. Sich einlassen das ist wichtig.
ER sagte am 16.August 1988, eine Phase von Depression könne ER definieren als sehr starkes Verlangen nach etwas von dem ER nicht weisz was es sei, ER nahm aber oft Abschied von der Welt, ich habe Stiefmütterchen = Gedanken frz. *WIR waren so Kontrastpersonen,* meine Umgebung hat mich aufgefressen, einmal habe ich notiert, Mozart der Seelenmann

15.6.06

17.

lieber Freund,

versuchte Arbeit.
Ich fahre durch eine Postkarte, durch begabte Bäume, es hat ganz langsam zu regnen begonnen, ein lauer Sommerregen, nach dem Telefongespräch mit Valérie B. war ich wehmütig gestimmt, *Amsel mit Plastron*, so Valérie B. es ist jetzt tropischer Juni aber bald Januar Februar. Gudny im Malven Garten im Tennis Kleid der 30-er Jahre : langer weiszer Rock und weiszes Leibchen so schneeweisz (und nicht zu sehen nicht im Schnee und nicht auf dem Papier, usw.)
Edith S. betrat das Zebra Gehege, streichelte die Mähnen der Zebras, die stillhielten, Valérie B. telefoniert mir, sie habe wenig Boden unter den Füszen, sie habe nicht gemerkt wie die letzten Tage und Wochen vergangen seien –
lese jetzt Paul Éluards Liebesbriefe an Gala, ergiebige Lektüre. Das Synonym für throat (engl.Schlund Hals Kehle) sei Tod gewesen . . es träumte mir ER lebe noch, ER habe viele Pläne, ER habe leise zu mir gesprochen, ER habe mich gebeten IHM die Schuhe zu putzen, das Frühstück zu bringen. Mir träumte es sei Winter geworden, in einer kl.Stadt, ich sei gestürzt auf dem glatten Boden, sei nicht mehr hochgekommen, sanfte Dämmerung *Scardanelli*, überflutetes Fenster und Astgebirge, wie entkernte Nüsse bleiche Apfelputzen, Sätze wie Paukenschläge, ER sitzt in seinem Schlafsessel, *ER ist ein*

Pulverfasz, im Sturm über den Dächern ein aufgespannter lichtgrauer Schirm oder Perlenzeug (Pelerine) und die Vögel wie geschleuderte Bälle im rauschenden Wind, ein paar Träume am Fenster, trage sie bei geschlossenen Augen lange mit mir herum, usw. (*»und schreibst du eigentlich noch«*, so Ilse H., was mich erschreckte)

25.6.06

18.

lieber Freund,

jetzt trete ich bald meine Reise an, Strohhut schon auf dem Koffer, heute noch im Labor gewesen, sehr früh im Morgendunst in der nächsten Strasze dennoch kühle Ermattung (siehe Träne / fast Tränen, Elke Erb usw.), die Ärztin, die mir Blut abnimmt, spricht mich auf meine Literatur an, sagt zum Schlusz, Sie haben mir zu vielen schönen Stunden verholfen, ach feurige Hand usw., der Supermarkt (Barackenbau) wird abgerissen, fühle mich gleicherweise angegriffen attackiert / demoliert, als ich zurückkomme, finde ich SEINE schwarze linke Hand auf dem Boden neben der Tür, lasse sie liegen, sie anstarrend.
Im Text verschwinden, die Gardine vor dem verhängnisvollen Fenster ist zugezogen, ein buntes Kissen auf dem Fensterbrett : bin festgezaubert, die graue Luft stillstehend, ich dunkelte in der Frühe, Maiglöckchen Geläute huscht durch den Kopf, Ensemble Zimmerlinde Wartezimmer Zahnarzt, die Kirsche hatte zwei Kerne, zweimal gespuckt, Stimme und Stimmung hängen zusammen, das Fenster vis-à-vis mit zerschlissenem Theatervorhang, auf dem Fensterbrett buntes Kissen, sonnenbeschienen
Hotel Radio, gestern einen Ausschnitt aus E.T.A. Hoffmann's SANDMANN im Radio gehört, mir schwebte ständig SEIN Geist vor Augen, trotzdem Angst dasz ich auf IHN vergesse –

gestern nacht den Mond durchs Teleskop angesehen, sein weiszes Gebirge (nachdem es noch so schön geworden ist am Himmel wenngleich hitzig). Ich hatte Rückenwind *bin ziemlich eklig* / an der Ecke ein Wolfshund, alleine. Der schiefe Turm von Pisa, damals, von ferne, auf unserer Fahrt vom Flughafen in die Stadt, hätte ihn gern aus der Nähe gesehen, vor ihm stehend, Kopf in den Nacken rückend, aber das hätte bedeutet einen Umweg zu machen
du wirst mir die Hand geben?

27.6.06

19.

lieber Freund,

Freude über deine beiden jüngsten Briefe, lese sie immer wieder (Wald Fittiche Berg Halden) – nein, *hinüberschlafen* wäre das allerschlimmste : mit so viel Bürde auf der Seele, ein Knall in der Früh, die offenen Fenster, halb fünf, wer hat sich erschossen, nasz mein Körper am Morgen, die turbulenten Träume, unübersichtlich, chaotisch, der feuchte Kopfpolster bei knalligem Licht und »Morgengarten : dort wo das schwarze Auge der groszen Teresa neben mir glänzte und wo ich aus ihrer Brust die Rosen sog . .« Jean Paul. Wenn WIR ins Jazzkonzert gingen, legten WIR die Mäntel immer bei der *Beethoven Garderobe* ab, oder wir telefonierten, »treffen uns bei der *Beethoven Garderobe*«, etc., Augen schwächer geworden, vielleicht zu lange vor dem Fernseher, vielleicht zulange gelesen – bin besorgt, Begegnungen unscharf. Gestern abend Peter H. im Fernsehen, hatte groszen Halo, sasz mit bloszen Füszen in seinem Garten, beantwortete stockend die Fragen des Interviewers, was mir gefiel, usw.
Die Vögel die in den Bäumen fliegen : habe ich heute zum erstenmal beobachtet, die Lüfte die durch die Bäume brausen : habe ich heute zum erstenmal in ihrer Körperlichkeit gesehen, *ach Füsze des Schneebergs* –
kannst du mir nochmals deine Ferienadresse geben, habe ein passives Erinnerungsvermögen, sagt mir je-

mand *die Schnellpost* vor, kann ich es ein paar Tage erinnern, dann wieder alles vergessen.
Wenn ER da war, war alles im Gleichgewicht, mein Atem ging ruhig, ich suchte SEIN Auge, wenn WIR einander gegenüber saszen, SEINE Hand, wenn ich neben IHM sasz, *bin ungeschlechtlich geworden*, wünsche dir sanftes Erwachen am Morgen (was mir nicht gelingen will : mein flüsterndes Fluchen wenn ich erwache), *im grell schmachtenden Pullunder* (gestern die junge sehr hübsche Verkäuferin im Schuhladen mit Perlen Clips an Nasenflügel und Lippenrand wie schmerzverzerrt, freundlich lächelnd) / *Draperie eines Fensters*

2.7.06

20.

lieber Freund,

ich war in einer anderen Welt : sechs Tage Ossiach am See, blauer Horizont, ich erwache von Gänseschnattern, vielleicht grosze Vögel, die schreien, ich träumte vom Theater, hatte die Sonnenbrille da vergessen, Kurt Neumann im Sportmantel geht mit mir zurück um die Brille zu suchen, ich spreche mit einem anderen Dichter über die Idee zu einem Theaterstück das wir schreiben wollen, das Gewächshaus (Gerichtshaus) am Ossiacher See am *Heiligen Gestade*, ich hatte einen *Vogel Compagnon*, ich hatte eine wunderbare Zeit mit Reinhard D., ich begegnete Hanne Rohrer, die beiden gelben Rosen die ich geschenkt bekam lagen in der Badewanne im seichten Wasser, *genitales Leuchten und Lava Mund.*
Plötzlich, im Badezimmer, vergegenwärtigte ich mich auf einem Foto mit meinem Patenkind auf dem linken Arm, vor circa 30 Jahren, worauf die Freunde, das nämliche Foto betrachtend, einmütig feststellten, DIESE ROLLE PASSE MIR GUT usw.
Damals in den Schulferien mit den Eltern im Krapfenwaldl Bad auf dem Berg, in den Rucksäcken die zwei Proviantdosen (Blech) zum Kühlhalten der Wurstbrote –
in einer ausgedachten Welt, und der letzte Wort Traum vor dem Erwachen, auf einem Programm Zettel in der Oper »lichtblauer Intelligenzler . .« am Morgen als ich die Augen aufmachen wollte waren sie verklebt und sie

tränten, ich sasz mit nacktem Oberkörper im Profil, es gibt Begebenheiten die man ungern erinnert, ja, für die man Scham empfindet *diese Kehlchen und Distelfink* . . die Fingernägel waren in diesen sechs Tagen stark gewachsen und brüchig geworden, ich hatte entgleiste Stimme, aus der Natur ergeben sich sommersprossige Schriftzüge (Traum), Facetten der Einsamkeit, usw.

13.7.06

21.

lieber Freund,

bin den ganzen Tag am Lauschen : Worte, Wortbilder, Sätze, so dasz ich mich mit nichts intensiv beschäftigen kann, fliege immer wieder auf und nieder, hierhin und dahin. Heute nachmittag zu IHM auf den Friedhof wo roter dunkelroter Rosenstrauch seine Blüten öffnet, *ein grosz-und-luftig-Baum usw.*
Edith S. schwingt sich aufs Fensterbrett unserer Ossiacher Wohnung UM ZU LESEN, bin erschrocken, in der Cafeteria wieder die Erinnerung an die Vorstellung vom Ossiacher See ehe ich dort bin, dann die Wirklichkeit völlig anders : viel schöner, eindringlicher, lieblicher – ach mein ins Wasser tasten, mit den Füszen mit den Zehen, zurückschnellen . . Leder im verdeckten Himmel, Schlehenblüten Hagebutten, sonderbar mir fällt gerade ein (unter dem Lesen Lachen *Vermachen*) (Elke Erb), dann das Summen der kl.Spiegel. Auf dem Bett ein langes schwarzes Seidenkleid mit groszem viereckigen Ausschnitt zum Anprobieren bereit, ich stand bis an die Oberschenkel im Wasser : Meer oder See, ein Wollschal, schwarz, mit Schmutzfleck, neben dem Kleid, *sollte komplettieren* – zuletzt mit ausgebreiteten Armen mir entgegen auf der Hauptstrasze, worauf ich ebenfalls mit ausgebreiteten Armen auf sie zu, heute früh die Nachricht von ihrem Tod, Siglinde B., beim Hinwegfegen von Nachbildern, empfinde kaum Trauer, hatte ich so wenig an ihr gehangen? Todesursache

unbekannt. Stelle mir vor, wie sie gestorben ist, vielleicht betrunken, am Boden liegend, um Hilfe rufend, ohne dasz jemand sie hörte (während Franz K. seinen Rausch ausschlafend). Die Kerzen sollen nicht ruszen. Ein Nachtschmetterling auf dem Kopfpolster, die crux von Elke Erb (Bruststücke, -werke, Buschwerke, Bäume), ein Rasenstück mit lachsfarbenem Schatten, unters Gebisz unteres Gebisz riesige weisze Mahlzähne, prall gefüllt, in der Wiese, *wollte ihr zuletzt neue Zähne bezahlen*, immer wieder von der Maschine weglaufend, wieder zurück kehrend, im vis-à-vis-Fenster gelbe Gieszkanne, Boxerhose, weisze Lufthemden zum Trocknen, im Optikerladen die Blätter der exotischen Topfpflanze schaukelten im künstlichen Lufthauch der Klimaanlage, dasz mich fröstelte, und beim Verlassen des Ladens, »Grüsze an Arthur . .«
(nie was gemerkt als Kind, nur einmal gegen Mittag, aus der Schule kommend, ihre Unterwäsche entdeckt (»Bleyle Wollunterhose, drapp«) unter Sofakissen, was mich verstörte), *Prophet der Natur*

14.-16.7.06

22.

lieber Freund,

habe heute nacht von dir geträumt, erinnere mich nicht an Einzelheiten – bin schlechter Mensch, erbärmlich, erschöpft, verschwende mich Tag und Nacht. Braune Einbrennsuppe, den Geschmack im Mund (am Morgen nach dem Erwachen), träumte von vollgeschriebenen Manuskript Blättern, WIR waren nackt, lagen nackt, an einander gepreszt, jemand fragte, was ich lese, sagte, Éluard, Liebesbriefe an Gala.
Wieder um fünf hellwach, schweiszbedeckt, Zunge an Gaumen klebend, Kopfpolster nasz, wer war Autor von »Der Schatten des Körpers des Kutschers«, »Abschied von den Eltern«, »Ästhetik des Widerstands«, sitze an der Maschine im heiszen Zimmer, bei geschlossenen Fenstern, würde ich nach Mondorf fahren zur Lesung, dort Christel F. treffen?
Ein alter Erlagschein, Rückseite leer, als Notizblatt verwenden, mit dem Zehennagel des linken Fuszes, im Bett liegend, gegen das Wasserglas auf dem Nachttisch tappend, was einen gewissen TON . . trete nun meine Urlaubsreise an, ohne dem Begräbnis von Siglinde B. beizuwohnen, habe mich am linken Oberarm blutig gekratzt, wo Einstichstelle der Zecken Impfung war, *Veilchen Verlegenheit, usw.*
Zagreb in den Arkaden, Allee rosa blühender Kastanienbäume (Gespräch mit Friseurin), Elemente : Schreck Gespenst meines Alters mir plötzlich bewuszt. *Krab-*

belnder kl. Wecker, hinter Schreibmaschine, zeigt auf dreiviertel sieben, die Stimme Anna J.'s so präsent, dasz ich nicht wuszte, hatte ich sie getroffen oder nur mit ihr telefoniert, und, falls telefoniert, roch es in ihrer Buchhandlung wieder (immer noch) nach Parfum, sehr raffinierter Duft. Bin SEINEM Geist begegnet, dem Geist meines Lebens. In der vergangenen Nacht ein breiter Streifen Mondlicht im Zimmer, »und überall funkeln die Sterne« : Stimme des Ansagers von ARTE (Wettervorhersage), wenn ich Duke Ellington höre, ist ER mir ganz nahe *in den Etagen des Lichts, usw.*

21.7.06, fünf Uhr früh

23.

lieber Freund,

gestern im gestern im nackten gestern
habe von IHM geträumt, ER hatte ein langes Gedicht geschrieben, es sollte übersetzt werden, jemand in einer Gruppe von Literaturwissenschaftlern meldete sich, ich sagte ich hätte es auch gern übersetzt, ICH BIN DOCH SO NAH DRAN, *die Zeit Rössin sein* usw.
Aus dem Levantinischen ins Deutsche übersetzen
es war ein Lustgefühl, ein wunderbares Gedicht aus einer fremden Sprache ins Deutsche zu übersetzen, aber hier war es, dasz man ein langes Gedicht von IHM ins Deutsche zu übersetzen suchte
Bodo Hell hatte wunderbare lange Gedichte geschrieben, ich sagte ihm wie gut sie mir gefielen, schüttelte Mähne. Gert Jonke mit zwei Liebesobjekten über die Stiege seines Hauses, ich hatte Schlüssel zu seiner Wohnung, sperrte aber nicht auf, um nicht zu zeigen dasz ich Zutritt zur Wohnung hatte, überquerte breite Strasze es war viel Verkehr, mir träumte von Bodo Hell, ich besserte Wäsche bei ihm aus, seine Wäsche, traf dort seinen älteren Bruder, ein starker Mensch, auch andere Autorin, ich las ihre Manuskripte. Bodo Hell stellte ein jüngst publiziertes Buch auf das Bücherregal, dasz jeder es sehen (und kaufen) konnte –
ich begegnete Wolfgang von Goethe auf einer Matinee, flankiert von IHM auf der einen und Ilse Aichinger auf der anderen Seite. Ilse Aichinger löffelte eine Suppe, ich

zeigte IHM eine Zeile in einem Gedicht von mir in dem Goethe vorkam (vielleicht war es Reich-Ranicki).
Träum etwas Schönes wünschte mir Maria Gruber am Abend vorher, dasz du es dann aufschreiben kannst, während sie die Treppe ihres Hauses hinabstieg und ich ihr aus der halbgeschlossenen Tür nachblickte, ein Romanisten Kongresz mit 6000 Worten, das ist das oberste eines Weckers, sagte ich zu IHM, auf einem Plakat, und vor dem eine Menge Leute standen und es verdeckten . .
»Styriarte« dachte ich als ich am Vorzimmer Spiegel vorüberkam und einen Augenblick mein Spiegelbild betrachtete, am nächsten Morgen war es kalt und sonnig, der Balkan schaukelte

29.7.-2.8.06

24.

lieber Freund,

eine Stunde ohne Besinnung, bereitete eine Reise nach Prag vor, tiefe Lunge – im Morgengrauen das Bellen der Hunde von überall her, es war Sommer es war kalt, ein Frevel.
Mit Gartenlust : Gerald B. erwartete ein Kind, Hans H. sagt, wir fahren Freitag nach Italien, ER sagt, Freitag nach Italien, ich musz mich entscheiden, mit wem ich reisen soll (mein Herze geht in Springen) stumm leidende Kreatur, auf dem Status eines Hundes sein, usw.
Im Hui die Nachbargloben, Barcarole auf Aquarellen, ich besitze die Gefühle der Dinge.
Damals im Sommer '99 : ER ging auf Knien, antizyklisch. Damals, Rohrmoos, unser Abschiedsschmerz von Haus und Garten wurde gemildert durch den kl.Unfall der mir zustiesz : Balkontür gegen Nase mit groszer Wucht, Nasenbeinbruch, wilder Schmerz (und heulen), heute nacht träumte mir von Angelika Kaufmann und Harry Ertl, der in einer Jazzband spielte *und ungetrunken*, da fahren unsere Tage hin. Ich dachte an IHN während ich eine Kirsche wusch, eine Handvoll Porzellan Kirschen so glänzend rot, knallrote Kirschen (nach London reisen), träumte von Liesl Ujvary usw.
Volksbrand getrunken, in den Goethe Park gegangen, kaufte reclam Bändchen Goethe Prosa. So wunderbare Etiketten und anregend, *genug geweint das Wetter*, die

Traun schwillt an, ich sage zu Maria Gruber, schreibe auch wie du meine Notizen immer auf weisze Servietten, die Katze im Garten im Regen am Morgen durch hohes Gras streichend, jetzt bricht die Sonne durch die Wolken, *du Aug und Wächter Israel*, vom zweiten Stock, sagt Maria Gruber, in die beleuchteten Gärten hinein, auf das Titelblatt von Paul Gerhardt gekritzelt mit winzigen Buchstaben (beflissen?), *habe alle Manuskripte in den Rhein geworfen* . .

6.-8.8.06

25.

lieber Freund,

ich hatte das Geheimnis gelüftet : die wunderbaren moralischen Weisheiten des Karl Philipp Emanuel Bach als einen *spirit* (Hochgemuthheit), zu Mutter am Morgen : du Länderschönste so viel ich sah (Höld.) du bist so ein redlicher Mensch, usw., Helli, ihre jüngere Schwester, sagte : möchte ein ganz kl.Kind haben, Edith S. sagt zu mir : diese SENDUNG vergiftet dich, was mochte sie mit SENDUNG gemeint haben? Marcel B. sagte : am Morgen zu niemandem sprechen, keine Telefongespräche, nur das Lauschen auf die innere Stimme, dann meine Gedichte schreiben (hier in Groszbritannien wo die Tannen). Carmen Tartarotti sagte : das Lampengeschäft auf der Favoriten Strasze, sie war mit einem Lampengeschäft verschwistert / verschwägert, diese Puten Wurst hatte die Konsistenz von Plastik Ware, war ohne Geschmack, die dünnen Arme, die herausgezogene Lade, leer, als Abstelltischchen, es tönte und tickte mir in den Ohren – ein Dauerton *ein Quell Heiligtum*, wir hatten monatelang keine frische Bettwäsche bekommen, es war eine Askese? Wir saszen vor ihrem Holzhaus in der Sonne ER und ich, und Edith S. knipste ununterbrochen, als ich den Eiskasten öffnete, roch es angenehm nach Vanille, ich tötete ein winziges Tier das auf der Anrichte kroch – MASSAKRIERTE.
In diesen letzten Sommertagen sah ich einen Zitronenfalter über der *Blütenpracht* im Kurpark von Bad Ischl,

haschte nach ihm, das linke Auge war verklebt als ich es öffnen wollte, beim Erwachen. Egon und Guido, gleichaltrige Spielkameraden, damals, ich war elf, wir gingen den Steig am Wasserfall entlang, hüpften über Steine, unsere Mütter hinter uns im Gespräch, am Weg Tollkirschen und Wacholder (Milchknechte / wie macht man Blumen), das war ein früher Lebens Horizont. Der Inhalt des Koffers roch nach Pilzen, verschleierte Gieszkanne im Fenster vis-à-vis, *hingegossene* Gieszkanne, schläft auf linker Wange gelb versunken
von Inseln fernher wo ER *gefremdet hat . .*

17.8.06

26.

lieber Freund,

zwei Briefe von dir empf. grosze Freude / seit fünf Uhr früh wach gelegen, Notizen gemacht, mir träumte von Wolfgang S. (Kanzler) und dasz er fliegen konnte, ich flog mit ihm – es hing mit bevorstehenden Nationalratswahlen zusammen. Ich suchte IHN auf aber ER war nicht zuhause, unsicher ob es SEINE Wohnungstür war an der ich klingelte, dann über die Dächer geworfen werden. Wollte weiter träumen um zu erfahren, was weiter geschah, trug zerrissene Schuhe »kochen Sie darüber« statt »schreiben Sie darüber« sagte eine Figur in einem Traum heute nacht, ich watete nach der Schneeschmelze durch aufgeweichten Garten zusammen mit IHM, ER las mir ein Manuskript vor, kurz und heftige Kopulation die mir Schmerzen verursachte, usw., dieser DM-Geruch im Vorübergehen an dem DM-Laden, an den gefällten Baumstämmen : Laub Austrieb : *leafing*. Und Senilität ist selbstverständlich nicht zivilisiert, so Gertrude Stein.
WENN ER DAS ABERMALS BRÜTE, Traum.
Edith S. und Carmen T. (mit der Kamera) betraten das Gehege der Zebras und streichelten die Mähnen der Tiere, die sich ganz still verhielten oder langsam umhergingen, ich verfolgte das Geschehen von auszen, wagte mich nicht hinein, ein feuriger Sommertag Feuer und Schweisz.
Heute wie immer zum Haarefärben das schwarze Zeug

übergezogen unergründliches Decolletee (*Enthalsung*?) abgeleitet von »dekor« auf einem Zettel. Damals, ER sagte zur Aufräumefrau in Rohrmoos, »und schonen Sie bitte die Spinnennetze unter dem Fenster . .«, gefiederte Hände und Scardanelli, Sabine Hassinger schreibt, »hier ist kein inneres Schwärmen, was schreibst du gerade?«
Mit Hut und hochgewachsen Georg H. : ein schöner Mann und küszte mich auf der Strasze, ich überfiel ihn mit der Frage *wo Atlantis Hotel?* : Kinderschar aus Frankreich und England umringte mich : sollte sie dorthin begleiten, oder genaugenommen da ich diese Frage nicht richtig stellen kann. Eine Leckerei oder Schleckerei hausgemacht, wenn ich am offenen Fenster sitze und *tippe* ein Geruch wie von Winterbach, Disteln und biszchen Küchen Dunst, ein biszchen Darstellung (Roland Barthes) – es flötete von allen Fenstern sämtlichen Fensternischen nämlich der kühle Morgenhauch gegen den Nacken der schweisznasz und flötend (fröstelnd), trüb mit gleitenden Wolken keuchend (ich) mit Federn aus einer Bewölkung, die Zikade in der Nacht im August, nur dieser zarte Ton in der stillen Nacht vom offenen Gartenfenster her

20.8.06

27.

lieber Freund,

der eisige Balkon (in Bad Ischl), weiszt du, der eisige Ort, der eisige Sommer, das Gespräch mit Franz B. hat mir die Tränen, dazu die Bach Musik, der verhängnisvolle Text, »das männliche Kind hatte sich gerieben an mir«, so Edith S., »und sachte aus dem Bett . .«, »bin wieder verzaubert«, sagt sie, was so viel bedeutet wie, ich könnte mich wieder verlieben.
Mir träumt eine Maus springt an meinem Kittel hoch während ich die Treppe hinabsteige, ich habe am heutigen Vormittage beim Anhören von Olga Neuwirths neuestem Musikwerk (»miramondo multiplo«) zu mir selbst gefunden, fühlte mich plötzlich als Mittelpunkt der Welt, usw., es flötete von allen Fenstern also der künstliche Windhauch im Nacken kühlend den Passagier Knochen, *ER hatte einen Vogel Compagnon*, wie geht es deiner Mutter, fragt Dr.Nikolaus B., obwohl er weisz sie ist '94 gestorben.
Im Fenster vis-à-vis ein weiszer Friedhof = Futternapf, die grauen Wollstrümpfe zum Trocknen aufgehängt, wie ein Hase verkrüppelt das mit einem fetzigen Vorhang verhüllte Nebenfenster, famoser lichtblauer Himmelsstreifen alles sonst dunkles Gewölk = Gewölle, nervöse Anfälle in meinem Kopf hinter dem flatternden Wasser ein weiszes Rosenparterre, unfaszbar ist der Mensch den man liebt, so Max Frisch.
Im Schaufenster des kl.Türkenladens KRIMSKRAMS =

unappetitliches Durcheinander : das Fladenbrot neben den Pneus . .
Otto B., wollte damals mit ihm nach Venedig, bei Widerruf Code Wort an ihn = Telegramm, was würden wir da den ganzen Tag machen, er würde mir von der kulturellen Vergangenheit Venedigs erzählen, Purpur Zunge in Winternacht (Purpur Zeuge), Traum.
In der Tat ein Neubeginn im Schreiben, sagt Thorsten Ahrend, hat sich so heimlich eingeschlichen, ein neuer Stil, er musz es wissen, das Fratzenhafte das mich zu kriechen zwingt, mich nicht aufrecht gehen läszt, hat sich mir aufgedrängt während einem Spaziergang in der Sonne, Eitelkeit im Traum Engelhardtszell, mein wahres Gesicht entblöszend, trunken von ununterbrochenem Entzücken

31.8.06

28.

lieber Freund,

gegen Mittag der Himmel heisz und bedeckt, vor meiner Tür die Birken triefend von Blatt Rausch, den silbernen Wald / die Wald Strasze aufwärts bis zum bärtigen Bauernhaus : Seitenfront mit Holzstöszen bedeckt, das Badetuch sechs Jahre alt *ich mich darin trocknete*, vor meiner Tür in die Birken gehängt die Zettelchen usw., Valérie ihren Hund shamponierend, später, als ob jemand die Wendeltreppe hinabliefe : ein streitendes Elsternpaar an der Dachtraufe, mit ihren Flügeln schlagend, sich gegenseitig verscheuchen wollend nämlich die weiszen Pelikane des Heiligen Geistes (Lorca), Reinhold P. nahm zum Abschied meine Hände, drückte sie zärtlich und sagte, deine Hände so weich wie die eines 14-jährigen Mädchens, mir träumte dasz ich rief : CHARLES DICKENS wo bist du? so wie man ruft nach einem Ding das man nicht finden kann und hofft, dasz es sich meldet wenn man ruft nach ihm. Auf meine Frage wie es ihm gehe, sagte Leo N. freudig, es geht mir sehr gut, ich bin verliebt in Anna, sie auch in mich, vielleicht werden wir heiraten . .
ich sagte zu Edith S., so gestalteten sich meine pubertären Jahre, er, Vater, weinte weil ich auf unseren Sonntagsausflügen auf den Kahlenberg nicht mit ihnen : Vater / Mutter sprach sondern vorauslief und meinen Phantasien nachhing – um schreiben zu können, sage ich, musz ich BEBEN : alles an mir musz BEBEN, mein

Kopf und mein Leib meine Füsze und Hände, wenn das BEBEN nicht eintritt ist es nur eine Fleiszübung. WIR waren in der Schweiz an einem kl.See, aber ich hatte kein Badetrikot mitgenommen, ER war nervös ungeduldig gereizt, schnitt Grimassen während ER mich anblickte, SEIN Grimassenschneiden ein Spott und wie um mir meine Häszlichkeit vorzuzeigen. Vater brach auf, UNS zu besuchen, er sagte, vielleicht solltet IHR nochmals zusammen überwintern, ich roch an einer kl.Erde, Peter Waterhouse, ER liest beim Gehen. Jeden Morgen *dieses schiefe Wetter im Fenster*, ich fütterte mein Hündchen, reichte ihm Leckerbissen auf der flachen Hand, fürchtete immer, meine Hand zu verlieren, in ARTE wurde der Film »Die Kinder des Olymp« ausgestrahlt, alte brüchige Kopie, die Radio Nachrichten wollte ich mir heute früh nicht anhören vielmehr wollte ich in der Wärme des Halbschlafs verweilen ach fiebernd am linken Fusz heisze Ohnmacht und Rüschen Herz, damals, ich stützte mich auf meinen langen weiszen Schirm weil ich Schwindelanfälle hatte und mich genierte, einen Stock zu nehmen (wie Verwünschungen usw.)

4.9.06

29.

lieber Freund,

heute mit Tränen, groszen Schmerzen im rechten Bein aufgewacht, dasz ich schrie, hatte Traum vom Groszvater gehabt, »er verkletterte sich«, er setzte mich auf seinen Schosz und ich durfte »reiten«, während er die Knopfharmonika anstimmte, was mir gefiel, ich erinnere mich genau, war vielleicht vier, fühlte mich sehr geborgen, er trug einen schwarzen Schnurrbart und hatte herrliche weisze Zähne mit welchen er Stühle aufheben konnte, er sprach nicht viel und die Welt war stehengeblieben . .
als der mit Blumen geschmückte Sarg in der Mitte der Aufbahrungshalle stand, bekam ich einen Weinkrampf denn ich erwartete dasz ER sich aus dem Sarg erheben und anfangen würde, eines SEINER SPRECHGEDICHTE zu rezitieren, es war ganz still im Saal bis auf das Schluchzen der Trauernden und mein eigenes. Wenn WIR in den Prater gingen, was oft geschah, kehrten WIR beim »Tiger« ein, ich trug ein enges Gewand und hohe Stökkelschuhe, WIR waren *eine* Person – einige Jahre vor SEINEM Tod hatte ich IHN fast getragen, es war nach einem Theaterbesuch, WIR schleppten UNS zum »Sofitel«, aber obwohl WIR riefen und riefen, erschien niemand an der Rezeption, WIR setzten UNS in der klimatisierten Halle nieder und warteten auf die Bedienung. Ich rannte aus dem Haus, atmete tief den Südwind und bestellte in meiner Buchhandlung die »Tropismen« von Nathalie

Sarraute und begann, zurückgekehrt, sogleich zu lesen, es liesz mich nicht mehr los, es war eine Tränenflut, exzerpierte die Schmerzen. Ich erinnerte mich, dasz Harry Ertl zu mir sagte, »muszte er dich gerade dann fotografieren, als der Wind dir ins Gesicht blies und die Haare dir aus der Stirn wehten?«, alles geschieht am Rande meines Bewusztseins, ich hatte die grӧszten Schmerzen wenn ich das rechte Bein hob, wenn Ulla-Mae von »alpha« spricht, habe ich immer die Vorstellung, »alpha« sei eine Schildkröte, aber es war ihre Katze, alt, kränklich und intelligent, auf eine Mauer war das Wort »Tod« gesprayt, kaum hatte ich etwas geschrieben, war es auch schon erledigt für mich. *»Oh der Aufkärungs Rüde paszte genau in meinen Traum, usw.«*, hier ist jetzt eine grosze Baustelle, und aus der Schutthalde ragt ein Götterbaum, er vibriert und schüttelt seine zartgrüne Krone, es ist ein sehr junger Baum und ich liebe ihn aus der Ferne meines Fensters in der fünften Etage während wir spazieren gingen, hielten wir uns an der Hand, Edith S. und ich, sie faszte meine rechte Hand (sie streckte mir ihren rechten Arm entgegen, als ob sie etwas einfangen wollte) sobald wir eine Strasze überqueren wollten, quando quando – gehe nackt durch mein Stiegenhaus

13.9.06

30.

lieber Freund,

»liebe sehr meinen Waldblick vom Bett aus, mitten in der Stadt«, so Claudia C. Strausz, sie, die Mutter stand am Fenster ihres Spitalzimmers und sagte, »schau, da unten ein Friedhof«, »ist kein Friedhof«, sagte ich, »ist ein Garten mit Denkmälern und Beeten Gladiolen Büschen und Fliederbäumen«, aber ich hatte sie belogen. Wischte mir die Hände an der weiszen Schürze ab, die am Küchenschrank hing, so dominant meine Träume, weisz oft nicht den Unterschied zwischen Traum und Tagesgeschehen, so dominant meine Knie usw., mir bebt das Knie wenn ich denke, du leihst mir dein Ohr usw., während er, der *Schmöker*, was für Vorstellungen da auf mich zukommen, ach diese WASSER DEMENZ bei Empedokles nachschlagen, Dr. Nikolaus B. anrufen, gar nichts besonderes zu zitieren, aber der Brief von Klaus S. rührt mich zu Tränen, bin eben erst aus L.A. zurück, mir beben noch die Knie, habe mir einen Schreib Calender angelegt, ach Gerümpel in der unteren Wohnung, ausgebrütete Sinne. Mache mir Vorwürfe, mich hier zu langweilen statt deinen weiszen Mantel aus der Putzerei zu holen, sage ich zu Mutter. Ich schenke meiner Ärztin einen Aktenordner mit meinen Gedichten, sie fängt sofort an, mit Rotstift die polnische Übersetzung drüberzuschreiben, »wir überqueren den Fuszgängerstreifen«, Edith S. faszt mich an der Hand, ihre Geistigkeit hatte mich angesteckt, wenn ich in den Spie-

gel schaute, sah ich mein infantiles Lächeln, ich nehme mir vor, nur noch flüssige Nahrung zu mir zu nehmen, Marcell Feldberg schreibt »grenzenloser Himmel, es riecht nach Weihrauch, der hl.Nebel läszt einen schon den November vorahnen . .« da gibt es Leute, die begleiten ihre Rede immer mit dem Ausspruch »auf Holz klopfen«, was sie dann auch tun, sie suchen in ihrer unmittelbaren Nähe nach einem Möbelstück aus Holz das sie BEKLOPFEN – es ist seltsam, es ist das Gegenteil von Verwünschung usw.
Ich habe diese Anregung von Nathalie Sarraute's »Tropismen«, nur dieses Buch in deutscher Übersetzung, damals, als ER schon sehr schwach war, sagte ER »ich habe schon gesehen es ist mir nicht entgangen mit was für einem Widerwillen, ja Ekel, du den Boden aufgewischt hast, nachdem ich. Oder wenn der Mond sich zur Seite neigt, meiner Gebrechlichkeit meinem Schwur nach besseren Taten bis hin zur Menschenliebe usw.«
Die Wellen der Abbrucharbeiten (über der Strasze) erreichten mich auf meinem Stuhl vor der Maschine und übertrugen sich auf mich (ein Beben), (»verzeihen Sie mir meine persönliche Post«, schreibt Gisela Hahner aus Owingen am Bodensee)

16.9.06

31.

lieber Freund,

heute am zeitigen Morgen die »Kindertoten Lieder« abgespielt, durchgehender Mollton preszt mir die Tränen hervor, dazu das 19.Kapitel von Nathalie Sarraute's »Tropismen«, *»er konnte ihnen nicht entkommen, sie zeigten ihm überall andere Puppen, andere Strohpuppen . .«* nämlich nur eine einzige Tonfolge Wortfolge – Baugrube unter dem Fenster und fieberte Lärm und Beben, Wespe müdegeflogen, setzte sich auf einen meiner Steine aus Kreta, ich trug sie ans offene Fenster, liesz sie davonfliegen, *»sie gingen zu Tees, aszen Kuchen die sie gewissenhaft ausgesucht hatten«*, Ginkgo war gut fürs Gehirn dasz es nicht altere usw.
Hanns S., Schuldirektor, sagte, wir besorgen die Weihnachtsgeschenke immer schon im Oktober, es wird alles sorgfältig ausgewählt und bis zum 24.Dezember wohlverwahrt, das Hetzen nach dem Einkaufen knapp vor dem Fest haben wir nie gekannt, usw.
Hörte heute früh den Wind vor den Fenstern rauschen, eigentlich Orgelpfeifen, ach die Überstürzung in die Töne hinein, im Innenhof des Café Cuadro gedämpftes Sprechen, Lachen, leises Rufen, Bestellen und ZAHLEN BITTE, und im Winter mit den dicken Mänteln gab es zu wenig Kleiderhaken, schaufelten einfach die Kleider (über die Sessellehne) und die Frage des Oberkellners, »sind Sie die Schriftstellerin?« Schöpfung der Himmelsdichter / er hatte Geschmack gefunden . .

Damals, als WIR durch das Städtchen flanierten (»Schladming«), an der Musikalienhandlung vorbei, in der Auslage Geigen Flöten Knopfharmonikas : zu hohen Preisen, ER blieb lange stehen, wollte eine Knopfharmonika kaufen, lieszen dann aber ab davon, verschoben die Entscheidung auf später, *ein anderes Mal*, usw. Es ergriff mich das ungestüme Verlangen, weitere Bücher von Nathalie Sarraute zu bekommen, auf unserem Weg durch den Wald fragte ich Edith S., ob sie erpicht darauf sei, R. wiederzutreffen, nein, sagte sie, sie sei nicht erpicht darauf, R. wiederzutreffen, es liege alles so weit zurück, und nun war es Herbst und die Dinge hatten sich verändert nicht wahr, zum Abschied beugte sie sich zu mir *herunter* um mich zu küssen was mir einen Schmerz zufügte, ich meine es schmerzte mich, dasz sie sich zu mir *herunterbeugen* muszte um mich zu küssen (wie zu einem kleinen Kind) – war ich so klein geworden?
Damals, Mutter weinte schluchzte seufzte, *»ach wir werden uns mit dieser Unternehmung noch ganz verbluten . .«* funkelt Hermes im Haar, eine Inklination zu den Krankheiten der Eltern, lauter Lebens Malheurs (Mozarts warme Ohren / ein Fensterglück) meine Geisteszerrüttung

19.9.06

32.

lieber Freund,

heute schlimme Nachricht, das Schicksal beschworen – Leo N. ist tot, die Träne extrem. Habe ihm vor einigen Tagen noch einen Brief geschrieben in einem unbewuszten Zustand (tip-ex inhaliert?) süszes Hirngespinst, usw. Gott bewahre, Haare und blanker Schädel, plötzlich das lang Vorgestellte gelöscht, durch die Wirklichkeit die ganz anders ist, blutender Vollmond, süsze Luft Lerche Flöte des Vogels, suche seit längerer Zeit nach Unterlagen für eine Auftragsarbeit, ist ganz verschollen – heute früh die prasselnde Regenflut, gelber Kran wie riesiges Himmelskreuz. ER erzählte mir immer wieder, (weil es IHN so irritierte) SEIN Zahnarzt hätte IHM nie von »Prothese« gesprochen sondern immer von der »Arbeit«, auf einer alten Fotografie wenden WIR UNS von einander ab, jeder in die entgegengesetzte Richtung blickend (was suchten WIR?) (weiszer Pelikan des Heiligen Geistes) . .
ich hatte irrtümlich den Zimmerschlüssel des Hotelzimmers in dem ich übernachtet hatte, an mich genommen, als ich abreiste, musz ihn jetzt zurücksenden, hatte lange gesprochen mit Vater usw., ich sagte ihm, »mir fallen die geläufigsten Wörter nicht ein . .« – sie war mindestens 80, sasz im Freien an einem Kaffeehaustisch, umringt von gleichaltrigen Damen, wir konnten sie beobachten : eine schöne Porzellanpuppe mit goldenen Ketten und Armreifen, blonder Perük-

ke, gerougeten gelifteten Wangen, zartem gepuderten Mund, ich konnte mich nicht sattsehen und sie tat mir leid, sie hatte viel eingesetzt um Jugendlichkeit vorzutäuschen (Koketterie), sie lächelte immerzu, oder auch eine Puppe deren Zähne in regelmäszigen Abständen aufleuchteten und erloschen, in geduldiger Weise zerstreut usw., sie nahm einen Taschenspiegel und korrigierte ihre Frisur um mich atemlos zu machen. Mit so viel Bürde der Schlaf und ein Knall in der Früh bei offenen Augen, halb fünf : wer hat sich erschossen, mein Körper nasz in der Früh, der feuchte Kopfpolster bei knalligem Tagesanbruch, die turbulenten Träume die obstinaten Knallheiten (»und für mein Denkbild blutend Mallarmé«)
die Mitteltante in ihrem mit groszen roten Lappen bemalten Kleid oder Sack, aus dem sie dann tot herausfiel, während sie das Kleid über den Kopf zog, immer wieder dieses Nachspielen einer Szene die ich nicht WIRKLICH miterlebt hatte, war nicht selbst Zeuge der Begebenheit, dasz nämlich die Vorstellung bei weitem die Zeugenschaft überlistet hatte (dünnhäutiger Wahn). Waren die »Kindertoten Lieder« in englischer Sprache gesungen?

20.9.06

33.

lieber Freund,

fragte die älteste Tante, »bist du bei meiner Taufe gewesen? damals, vor so vielen Jahren, habe ich geweint geschrien?«, schreiben / weinen ist eine Intimität. Knospende Jause (mit der Familie) knospende Jeans. Damals, als seine Tochter tödlich verunglückte, den Berg zu Tode stürzte, fragten wir uns, wer ihm helfen, beistehen könnte, aber dann kam ein Anruf, er und seine übrige Familie aszen schon seit Tagen nichts mehr, nahmen nichts mehr zu sich, blieben die Nächte wach, bis endlich ein Freund für sie *»einkaufen ging«* oder *»Speisen vorbeibrachte«*. Wie geht das zu, sage ich, alle haben sie diese blonden *gelben* Haare : Picasso : »Dame mit gelben Haaren«, da war ein Küchenstuhl auf dem Picasso sasz beim Malen, ich bestelle im Gasthaus, ich sage »aber nur ein ganz kl.Stück Fleisch usw.«, mein tränendes Auge das linke tränende Auge, das Auge ist das Geistesauge, mir träumte von den Rückert Liedern, ich sehe mein Herz wie ein Gespenst usw.
»Abwesenheit des Himmels«, Jean Paul, dieses schiefe Wetter jeden Morgen, dieses Stelzenwetter, sage ich, das Wetter Mädel auf den Plan gerufen, schön mit Ostwind +
bin ganz sanft und geistlos den ganzen Tag, und der Arzt sagt bei der Untersuchung, »setzen Sie sich ganz aufrecht hin damit der Hals länger wird«, was ich befolgte, der Hals war gereckt gerettet, und so ein Auf-

wand jeden Morgen, diese lästigen kl. Verrichtungen jeden Morgen, immer am Vorabend die Stunden gezählt, die mich noch trennten vom nächsten Morgen, an welchem ich mich wieder waschen pflegen ankleiden muszte . . habe mir sieben Bücher von Nathalie Sarraute bestellt mein täglich Brot, bin schon wach aber kann die Augen nicht aufschlagen, irgend ein Zwang hält sie verschlossen, wir müssen warten bis sich das Bewusztsein mit Leben füllt usw.
Dieser Wiederholungszwang : das Abspielen immer der gleichen Schallplatten, das Lesen immer der gleichen Bücher, die Wanderungen mit immer dem gleichen Ziel, ebenso Vater : er ging immer die gleichen Spazierwege, was meine Mutter verstimmte, »können wir nicht einmal einen anderen Weg einschlagen?«, »nein«, das wollte er nicht – im Kurpark bin ich jeden Morgen die gleichen Wege gegangen. Juan Gris war eines der jüngeren Kinder eines wohlhabenden Kaufmanns (»aus Mitleid aus Madrid«), ich bin verführt und dann bin ich neuerdings verführt, pflegte Juan Gris zu sagen. Edith S. erzählte, sie habe im second hand Laden ein Komplet gekauft : pflaumenblaues Komplet und während sie sich im groszen Spiegel betrachtete, flüsterten die anderen Kundinnen »ach, das müssen Sie nehmen, das paszt Ihnen so gut usw.«,
(nach drei Stunden ist der Rausch vorüber)

24.9.06

34·

lieber Freund,

heute sehr müde und bedrückt, allzu ängstlich das Haus zu verlassen, an der Straszenbahn Haltestelle : Urinoir an einen Baum genagelt (Duchamp) darunter zusammengeballtes Papier, im Nebenraum die »Kindertoten Lieder« und vor dem Fenster die tobenden Arbeiten am Abbruchhaus, bin in einer wilden Waldgegend gewesen, in der Ferne ein Wolf auf meinen Spuren, der Waldboden mit steilen Stufen, Studie einer Beatifikation, usw., es war ein Traum, ein Flugzeug verdunkelte einen Moment lang die Sonne, oder riesiger Vogel?
»gestern schnell in der Bibliothek gewesen«, schreibt Valérie B., »so dasz ich sofort eine Nathalie Sarraute mitgenommen habe, das Wetter ändert sich d.h., es schleicht sich eine Kälte in die Häuser auch wenn es drauszen hell und warm zu sein scheint, auch die Spinnen haben eine Eile, und bei der Zypresse ging ich durch ein Spinnennetz usw.«
WIR sind stets Verbündete gewesen, auch im Versagen an einander, im Gegenspiel, in wechselseitigen Verrat Situationen, ER sagte in allen nur geeigneten Momenten ich sei seine Verbündete und ich dachte ebenso, ER ist mein Verbündeter, ER ist mein Verbündeter geblieben wenngleich ein abwesender Verbündeter kein wirklicher Verbündeter sein kann, aber niemand wird je SEINE Stelle einnehmen können und dürfen. Wenn ich IHM was selten genug geschah das Frühstück bereitete, in

der Küche anrichtete, oder, wenn ER noch im Bett lag, das Frühstück ans Bett stellte, liesz ER es lange unberührt, *»bis es vollkommen ausgekühlt war«*, so dasz ich es abermals aufwärmen muszte.
Wenn ich zu ihm komme (Reinhold P.) verwandle ich mich wieder in die versponnene (schreibende) Person die ich früher, vor vielen Jahren gewesen war, was einer VERJÜNGUNG gleichkommt . .
meine alte aufgelassene Wohnung : ein Gleichnis : sie war einmal, vor vielen Jahren, eine verzauberte Werkstatt wo ich geschrieben hatte, wo eine kämpferische Stimmung herrschte, wo fotografiert wurde : jetzt aber ist sie entzaubert, verstaubt, ja, verdreckt, und ich scheue mich sie zu betreten, ich ängstige mich abends sie aufzusuchen : nur noch ein häszliches Loch, verwildert, vergreist, seelenlos, hinfällig wie ich selbst usw.
Entfesselt habe ich heute morgen einen Erstickungsanfall gehabt, berichtete meiner Ärztin die sagte, *das ist keine Krankheit* (sie hatte sich auf den Bericht einer Krankheit vorbereitet), nach dem Interview für den NDR sagte der Interviewer, *»Schubert war ein Trokkenwohner«*, und, auf eine Autorin bezogen, ist sie dement?, dann sagte er »ATMO« statt Atmosphäre

30.9.06

35.

lieber Freund,

es sprüht der Regen sprüht, ich höre die Freunde sagen, die Geliebte des Verstorbenen ist nicht auf dem Begräbnis gewesen / *Vogel Reserve* . .
wie geht es dir? heute liebste Witterung, tagelang Nebel und Sprühregen, milde Luft wie damals, Deinzendorf, damals ohne Nebel weil *sommers* seltener blaue Himmelsbögen, ich träume, *»bin niemals wahrgenommen worden, etc.«*, grosze Erregung : Hans Haider drückt mir am Friedhof eine Münze in die Hand, Hans Haider teilt aus : jedem eine Münze, ich starre auf die Münze in meiner Hand, für das Schäufelchen Erde, das ich ins Grab werfe, meine Münze in die ausgestreckte Hand des Friedhofsdieners, das Erklimmen der Stiege, die kl.Verzauberungen
ein Schmock (ein Schock) : mir war beim Trinken ein Schluck Wasser in die Luftröhre gekommen (»in die falsche Kehle«) das Wasser hatte sich quergestellt, so dasz ich einen vernichtenden Erstickungsanfall bekam bei dem sich im Moment Gesicht und Körper mit kaltem Schweisz bedeckten, wage kaum mehr zu trinken, so dasz ich nicht schreiben konnte. »Sprechen, aber wovon sprechen?« schreibt Nathalie Sarraute, »von wem? von sich natürlich von sich und seinen Freunden, von seiner Familie, von ihren Fehlern von ihren Geschichten von ihren Geheimnissen von allem was man besser verbergen sollte . .« – was man lieber verbergen sollte :

aber ich liebe es, alle meine Geheimnisse auszuposaunen, sie vor der Welt auszubreiten zu offenbaren also schamlos.
Bin wie Rousseau (der Zöllner) sagt, der wilde Mensch : atme nur Ruhe und Freiheit will nur leben und müszig bleiben und selbst die Ataraxie des Stoikers reicht nicht an die Gleichgültigkeit jedem anderen Objekt gegenüber heran, bin der Indolente = der Unempfindliche, Träge
auf der Baustelle Bulldozer oder Kadaver zwischen angehäufter schwarzer Erde und feuchten Gesteinsbrokken
das Gesicht der 96-Jährigen vor Tür 17 sieht aus wie die Totenmaske des Anton Bruckner : die eingefallenen Wangen die hervorstehende krumme Nase der zahnlose Mund, stelle mir vor : bald mein eigenes totes Gesicht usw., die leisen Orgelklänge aus der Franziskaner Kirche hatten uns hineingelockt, wir hocken dann stundenlang im Kirchenschiff, hatte Anfall von Euphorie, wollte schreiben (*»die Seele kaum gröszer als eine Träne«*)

2.10.06

36.

lieber Freund,

das gelbe Land der Bekehrung und pendelig zwischen den Jahren. Habe deinen Brief immer wieder gelesen sei bedankt. Nicht Herz Jesu sondern Hirn Jesu, sagt Elisabeth von Samsonow, zwei Jahre kann man Alzheimer vertuschen, während dieser Zeit musz therapiert werden sonst ist es zu spät (Wegrand Kapelle) . .
was *die dichtenden Vögel* betrifft : damals im Frühsommer diese Hochzeiter dieses Vogelpaar im weiszen Kleid zwischen den weiszen Wolken nämlich im Kurpark bei den Rabatten ganz langsam zwischen den Beeten, an manchen Tagen fürchtete ich mich davor auszugehen das Haus zu verlassen : ein Sprung ins Leere – auf der Strasze versuchte ich, die mir Entgegenkommenden einzuschätzen, vermied Augenkontakt, war verkrampft und zitternd, Furcht vor Übergriffen.
Fuszabstreifer Türmatte : Helli schaute immer zuerst auf die Füsze ob man sie sorgfältig auf der Türmatte abgestreift hatte ehe man eintrat : immer zuerst der Blick auf die Füsze dann die Begrüszung, »schön dasz du kommst«, usw. *Bist wie im Fieber* sagt sie, *arbeitest wie im Fieber*, bei SEINEM Begräbnis sagte Julian Sch. um mich zu trösten, in einem Jahr hast du so viele Gedichte geschrieben dasz du einen neuen Gedichtband, usw., als ER begraben wurde, schenkte mir Klaus K. sein liebevollstes lieblichstes Lächeln, und ich schämte mich.

Einmal sagte ER, hätte ER jemals eine Köchin gehabt, würde ER sie niemals gelobt haben, vielmehr hätte ER dieses und jenes sanft bemängelt – warum, fragte ich, »um sie anzuspornen noch besser zu kochen«, antwortete ER, Widmungen schreiben fiel IHM schwer ebenso Kartengrüsze an Freunde, wenn wir an Urlaubsorten weilten, ER sasz dann oft stundenlang darüber, ich muszte mich neben IHN setzen ER erwartete von mir Anstosz Hilfe originellen Wortlaut etc., manchmal jedoch verliesz mich die Geduld ich sprang auf und lief davon.

Im Halbschlaf *Seele futsch!* hab ich geweint wie Schwalben

Silberfischchen hineingelockt ins Haus durch die Feuchtigkeit der Luft, und das funkelt im Herzen, schreibt Valérie B., kann mich identifizieren mit Menschen die in der Alltagswelt ihren Lebensmittelpunkt finden, an Tagen ohne Inspiration zielt mein Interesse direkt auf die alltäglichen Dinge, Erscheinungen und Reflexe hier dieser Absatz vom selben Tag usw.

4.10.06

37·

lieber Freund,

im elften Kapitel (Nathalie Sarraute) : »ganz Geistigkeit – sie muszte die Geistigkeit haben . .« gestern in Bratislava, wir lümmelten in den eleganten Innenstadt Lokalen herum, der Nachmittag zog sich, überall Schrift. Manchmal geht es mir so, dasz ich dankbar bin für eine Ablenkung, *ganz hustend in Fetzkleidchen*, seit ich meditiere, schreibt Annette B., spüre ich immer mehr, es gibt eine Geistesdimension die den Tod überdauert, wie jäh er auch ist für die Lebenden, so viel Liebe und Kraft hält diese Welt zusammen . . sie könne ihren Vormerkkalender aus der Ferne = aus der Vorstellung ablesen, sagt sie, ach Ideenflucht : alles in *einem Atemzug*. Sie (Edith S.) ging mit dem Hund Flocki auf den Berg = Waldvogel Berg : sobald sie zu einer Schneise = Auslug kam, hielt sie inne und rief meinen Namen ins Tal wo ich auf dem Balkon ihres Hauses, ich sprang auf winkte ihr, rief ihren Namen, dann setzten sie, Edith S. und der Hund Flocki ihren Spaziergang fort –

leide unter den unterschiedlichsten Phobien. Hier am Fenster sitzen lesen schreiben, aber dann doch hinaus, aus Angst, etwas nicht zu sehen, etwas zu verpassen, hatte einen guten Haarschnitt bekommen, ein junger Mann wollte meine Stirnlocke berühren streckte schon den Finger nach mir aus, zog ihn wieder zurück : wagte es nicht, war es Reinhard D.?, durchs Fenster sehe ich,

wie er den Kopf bewegt, sage ich zu ihm, ich bin ganz einfach, sage ich, sehr primitiv, usw.
Bei Gerhard K.'s Begräbnis, nach seiner (Kurt N.'s) Trauerrede, diese seine Bewegung mit Arm und Hand, die ausdrücken mochte GEHE IN FRIEDEN, seltsame freundschaftliche FAHNE, Arm und Hand, wie : »auf bald!« oder »auf Wiedersehen«, nie zu vergessen : aus dem Innersten Innigsten kommend : ein respektvolles letztes Winken, mir träumte da waren kl.blaue Ringe vor der Sonne, es gab Dauerregen, ich patschte in Regenpfützen, ich bezahlte mit einer groszen Banknote. Und während ich das elfte Kapitel der »Tropismen« *studierte*, glitt meine Aufmerksamkeit für einige Momente dahin und ich dachte an meinen Zahnarzt und seine Frau und dasz sie die Reise nach Salzburg hinter sich gebracht haben würden. Roslyn wohnte an der Donau *schmal mit Bauernblumen*, ich wollte ihr *entschlüpfen* Mutter entschlüpfen, aber sie sehnte sich so nach Gesprächen, weil sie dann die eben gehörten Satzteile wiederholen konnte und das Gefühl bekam, sich doch noch gewählt ausdrücken zu können.
Wacholderstämmchen auf dem Fuszboden usw.

17.10.06

38.

Lieber Freund,

dankend damals leuchtet Euro und tiefste Nacht (Armut)
mir träumte ich sasz mit Klaus K. in einem Café in Budapest, Wange an Wange (?) aber er sagte, wir sind ja kein Liebespaar, er roch da er mir entgegenkam nach Mauerwerk und Staub, immer wenn wir einander trafen, trug sie (Gisela von W.) BIBIS : Seidenhandschuhe : sommers wie winters, sie verwendete das Herren Parfum ÉGOISTE, der Duft umgab sie jederzeit wann immer man sie traf – sie ging gern ins Cuadro und bestellte »einen kl.Braunen vom Hag und ein helles Pago nicht kalt«, liesz das Getränk aber unberührt stehen, ich sehe ihren Schatten auf dem Diwan, *und blinzelt in meine Richtung etc.*
Mutter : sie konnte verstehen, sie konnte immer verstehen : der kl.feuchte Innenhof wo ich Diabolo spielte als Kind statt zuhause meine Hausaufgaben zu schreiben, ich hatte niemanden, der mich anhielt dazu, war mir selbst überlassen, und wo Mutter ihrem Leben ein Ende machen wollte : verzweifeltes Leben, Entsetzen über den Niedergang der Familie usw.
Gestern beim Augenarzt, nach der Behandlung, er steckte mir etwas zu : Vogel GREIF, was bedeutete es, meine schreckhaft erweiterten Pupillen, die Sicht sehr schlecht, also wie das Umherirren eines Vogels in einem Wald : so kam ich mir vor.

Wenn ich morgens aus dem Fenster in die Höhe luge : der riesige Kran über dem Dach und die Angst, er könne auf unser Haus stürzen, wenn ich die alten Paare sehe in den Lokalen und Geschäften und händehaltend, kommen mir die Tränen : ER sagte immer, die Musik des 20. und 21.Jahrhunderts ist der Jazz, damals in Altaussee, in jenem Sommer, an den späten Abenden wenn ich versuchte Schlaf zu finden, sasz ER im Nebenzimmer beim Fernsehen, ganz laut gedreht, und ich *schlüpfte* immer wieder in sein Zimmer um ihn zu bitten, bitte leiser bitte! – WIR waren in einem Konzert, einmal, WIR waren in einem Konzert, ein Meistergeiger, sein Geigenbogen geisterte durch die Luft, machte Sprünge, blitzte im Saal, ER, neben mir, wurde unruhig, flüsterte, kann nicht mehr hinschauen, fühle mich schwindlig, stützte sich auf mich, WIR fuhren zur Ärztin : die Geige! sagte sie, ein Drehschwindel : die Übertragung des tanzenden Geigenbogens auf das Gleichgewichtsorgan usw., wie im Fieber, sagt sie, wie im Fieber : eine Rückgeisterung (Karamel)

20.10.06

39.

lieber Freund,

obwohl, das Abendrot sickerte (verblutete) in die Hügelkette am Horizont, habe Petrarcas 33 Gedichte (in der Übertragung von Oskar Pastior) gelesen, in mich eingesogen, exzerpiert und dabei an IHN, an SEINEN Scheitel : Schädel denken müssen, habe mit IHM eine Begegnung festgemacht, nur eine Sekunde »nur die Zunge« von UNSEREM bevorstehenden Beisammensein, »der Ort der Ort mit den zwei Augen« : Petrarca / Pastior, und es war so gewisz dasz WIR UNS wiedersehen würden : so Gewiszheit (Natur) so kommt Gemeinsamkeit. Im Grunde wundere ich mich, dasz ich dasz ich noch immer nicht zur Kenntnis nehmen kann oder will, dasz du dahin bist, sage ich zu IHM, dasz ich noch mit dir rechnen kann usw. Ich küsse SEINE Augen dann die Stirn den Schädel, *so hochgeschminkt im Tode* : damals, das Linnen über SEINEM leblosen Leib warst du so WEHRLOS und ausgeliefert den Überlebenden –
und als ich in der Abenddämmerung – es war Mitte Februar – nach Hause ging, hörte ich das einsame Singen einer Amsel, und ich erinnerte mich, in einem anderen Jahr schon Ende Januar eine Amsel singen gehört zu haben was eine Verheiszung ist (und Atelier des Lamms usw.),
»ja, die Innenstadt von Bratislava, ja, die Innenstadt aber die Innenstadt so elegant die Cafés . .«
ich schreibe Stenographie weil ich während des Auf-

schreibens zu ungeduldig bin, alles in *Langschrift* zu notieren. Im Gangfenster vis-à-vis immer auf dem nämlichen Platz der Blumenstrausz in der Vase : waren es natürliche Blumen war es ein künstliches Bouquet? und immer die nämliche Auswahl der Blumen : Nelken Mohn Akelei

mit Elfie Sch. oftmals *immer wieder* am Telefon das gleiche Gespräch über *die geschlossene Konditorei* : man hatte das Geschäft, das verkauft worden war, hübsch renoviert, nun ist es geschlossen, nun ist es zugesperrt, so unser Bedauern, ein paar Wochen recht gut geführt (auf der Wiedner Hauptstrasze) dann plötzlich sah es verlassen aus, im Stich gelassen, verödet, leergeräumt – was war geschehen, wir redeten am Telefon immer die gleichen Sätze, »es wurde hübsch renoviert, nun ist es zugesperrt«, usw., immer die nämlichen Sätze über eine mögliche Ursache warum der Laden aufgegeben wurde, es sah so freundlich aus, obwohl man wurde keineswegs freundlich bedient, usw.,

»der Hund. du meinst bleich.« (Gertrude Stein)

20.10.06

40.

lieber Freund,

habe Angst entführt : habe Angst entführt zu werden / Fiona Swarowski. Valérie B. schreibt, jede Gebärde zurzeit mit Bedeutung aufgeladen : extreme Herausforderung, das ganze nicht als zerstörende Belastung zu empfinden, grüble sehr, was Erlösung sein kann, denn der Tod ist nicht unbedingt Erlösung etc.
Der Spatz am Fensterbrett in den Innenraum drängend so als ob da kein Glas sei vielmehr ein Wasser und durch das Wasser zu mir wo ich stand hinter der Fensterscheibe, *kein Donner im Haar*, obwohl das Morgenlicht von Minute zu Minute öffnete und erglänzte. Hatte einst Adlerauge jetzt beinahe blind, französisch aus dem Blumenladen, ein dünnes Papier Schablone Mensch, schwarz, in der Sonne schwankend, gesträubtes elektrisiertes Haar, starrend nach allen Seiten, durch die schüttere Allee blitzte die Oktobersonne, bin ein Christenmensch, auf der Parkbank ein Bursche (lautlos) Gitarre spielend –
wenn WIR in den Prater gingen, kehrten WIR vorher beim »Tiger« ein, ich trug ein enges Gewand und Stöckelschuhe, fiel mir im Supermarkt ein. Muszte heute lange an Dr.Herwig N. denken, bekam Sehnsucht nach seinem zarten *Umgang* . . das ist kein *Umgang* für dich : so die Eltern wenn ich eine Schulfreundin nach Hause brachte, die ihnen nicht zusagte.
heute keine Abbrucharbeiten gegenüber, meine Brust so

schwer hängend dasz sich mir der Magen affiziert, das Archivieren der eigenen Leibesknochen macht Spasz, habe die Heizung aufgedreht, gleich wieder abgedreht weil diese Herbsttage doch zu hitzig. Eigentlich sehne ich schon das Ende unseres Briefwechsels herbei : pneumatische Fetzensprache etc., die französischen Lektionen der Nathalie Sarraute lassen mich wieder hoffen (»Tropismen«) / diese Überstürzung diese verworfene nein beseligende Literatur, habe einen neuen Tag begonnen mit Lesen Wiederlesen und Kümmernis, nein eigentlich Zuversicht usw.
Mir träumt, ich bin in einem offenen Waggon der U-Bahn gefahren, wir wurden alle gehörig durcheinander geschüttelt, ich schreibe jetzt die Wörter, die mir immer wieder entfallen auf ein groszes Blatt Papier und befestige es an der Wand.
Der alte Herr in der Apotheke sagte zur Magistra die ihn beraten hatte, HAND=KUSZ, ehe er wegging, es war wirklich höflich, berührend, ehrfurchtsvoll, und es gefiel mir, jemand stand da, die Ellbogen seitwärts gestemmt, dasz man nicht vorbei konnte, *zarte Lüge*. Und eigentlich es ist Boulevard, lesen und schreiben was für ein Stolz was für ein Vermögen, ehe ich dich anrufe meine Stimme auf Moll eingestellt (mit geschlossenen Augen telefonieren)

28.10.06

41.

lieber Freund,
ich begleitete meine Mutter mit dem Wagen nach Hause aber ich sprang aus meinem Wagen heraus auf den Bürgersteig, als ich Heinz Schafroth erblickte, darauf der auf meine Mutter sich stürzende Ozean (Orkan), mein *Schlafrock* war mir zu eng geworden im Traum, wir, Edith S. und ich, stellten fest, eine telepathische Verbindung zwischen uns, ich dachte an etwas und einige Sekunden später sprach sie den Gedanken aus, es war verwunderlich (eine Dachgeisterung : Dachbegeisterung, o Liebling Mai und Fern Schreiben, usw.) *also Christus, wie immer*, das Gesicht der Kopulation, jeden Abend, damals als X. sich immer deutlicher von mir abwandte, trafen wir uns noch ein letztes Mal im Café Ritter, ich hatte gehofft, ihn noch einmal für mich einzunehmen, aber er blieb abweisend und schweigsam, beim Auseinandergehen stülpte ich die Sonnenbrille über dasz niemand sehen sollte meine verweinten Augen, ich hatte mich nach einem Abschiedskusz gesehnt, aber er wandte sich ab und verschwand in der Dämmerung –
ich musz immerfort Schokolade auf der Zunge zergehen lassen
dann ruft Ginka Steinwachs an und sagt sie habe Geburtstag sie sitze auf dem Balkon ihres Häuschens, auf der einen Seite sehe sie einen österreichischen Berg, auf der anderen sehe sie das Meer und ich sei ihre Schwänin, und es sei sehr warm in Mallorca und sie fühle sich

umhüllt von blinkenden Figuren / Fluren, das klingt wie »nur schnell zum Bäcker«, etc., spanisch – und sie habe den Hund unter den Arm genommen und habe hüpfend die ebenerdig gelegene Tierarzt Praxis verlassen

damals, winters, mit X. auf der Museumsinsel in Berlin, zwischen den beiden Museumskomplexen hin- und herlaufend, ohne Überkleider weil in der Garderobe abgegeben, gelaufen gesprungen alles euphorisch : die Himmelsgemälde. Reproduktion eines Gemäldes aus einem Journal gerissen, Gemälde von Adolf Kaufmann (Troppau 1848 – Wien 1916) »schneebedeckte Winterlandschaft« mit bleicher Sonnenscheibe im Himmel, welche ich nicht wagte, anzuschauen, wagte nicht, diese Sonne anzuschauen aus Angst, meinen Augen Schaden zuzufügen, zog die Augen ab, und die Fotografin aus der Schweiz die mich fotografieren wollte : eine hübsche sehr zarte junge Frau und sie sagte, komme gerade von einer OP : Brust OP, alles gut verlaufen, etc., WIR haben gemeinsam an Peter H. geschrieben, träumte mir, mit Monogramm, das Feuer lebte im Himmel

31.10.06

42.

lieber Freund,

man hat sich vergröbert, man merkt die Seele ist nicht mehr mit uns, usw., Windrosen Kachelmuster im Vorraum, Magdalenen Fieber, das gleichmütige Verstehen, wir tragen eine Art (Schnee) Uniform immer die gleichen T-shirts, Pullover, Jeans, Turnschuhe und schwarzen Socken, Angst davor, dasz die Wetter Prognosen sich bewahrheiten : plötzlich der Nachsommer hat sich verabschiedet (verschleiert) der Zeitpunkt des Heiligen Herzens ist im Hades auf dem Friedhof gegen elf Uhr morgens, bin auf dem Friedhof rückwärts gegangen und auf den Rücken gestürzt gegen vier Uhr nachmittags, in der Vibration sein etc. Damals, als BDM-Mädchen »verständigen gehen« was bedeutete, die anderen Mädchen mit Nachrichten versorgen, damals, »Frau Schuster«, spitznasig, hatte noch im hohen Alter ein Kind geboren, so meine Träume, das Hochheben der Kleider, Medusa gebar aus dem Hals einen Sohn und ein fliegendes Pferd, heart on his sleeves, schreibt Jacques Derrida, diese Lederherzen auf die Ellbogen der Jacke genäht, so sportiv, an die geäderten Marmorwände der Schenkel urinieren, wie laut ER das Radio eingeschaltet hatte, dasz ich mir die Ohren zuhalten muszte um es zu ertragen, als ich damals laute Musik nicht ertrug, sagte ER, du muszt zum Ohrenarzt : lasz dir die Ohren untersuchen, das biszchen Liebe, und das wie eine Ausschüttung ist, usw., blaue Tuberose ist Liebesblume, ich

notiere während des Telefonierens : das undichte Wassergefäsz = weibliche Sexualität, Valérie B. sagt, Wärme um mein Herz, und, dasz man schneller gehen musz um sich warm zu halten, jetzt in diesen Tagen die ersten Chrysanthemen in violett weisz und gelb. Als ich mich bei Klaus Schöning am Telefon meldete, hauchte ich mein hallo! in die Muschel, »nur dieser Hauch«, sagte er, »dieser Hauch deiner Stimme«, das Blatt des Tages, la folie du jour, vielleicht Titel für neue Prosa –
der Tod ist zu besiedeln, Tom McCarthy, Julian S. war Vater eines Kindes geworden, träumte ich, was hast du immer mit »Christus« und »Christenmensch«, fragt Christel F. am Telefon vielleicht ungeduldig, ich erklärte ihr stockend stammelnd was ich unter einem »Christenmenschen« verstehe, manchmal erhärtet sich ein Verdacht und wird zur fixen Idee (meine Augenschwäche), ein Mensch der Liebe kann nur auferstehen, der hübsche Kellner im Café Tirolerhof mit schwarz gefärbten Haaren gefiel mir gut, (»latin lover«), er war ein Wunder Hirthe, sich einzulassen ist wichtig, das Kino Auge plötzlich im Zimmer es duftet nach Windpocken : Windbäckerei, habe mich zur Sprache entschlossen, lasse mich hinwegbrausen, *es war in Wels oder Lorbeer (Leoben)*

2.11.06

43.

lieber Freund,

bin ich dement? habe heute nacht von Italien und Frankreich geträumt, Lebkuchen gegessen, um vier Uhr früh die Heizung angedreht, um sechs Uhr früh zu schreiben begonnen, Mutter mit einer Platzwunde am Hinterkopf, aus der sie stark blutete. Bin mit nacktem Oberkörper ins Kino gegangen und habe im Foyer die film stills betrachtet, Toulouse, Dalí, ER betrachtete meinen Nabel, dieser Hauch von Liebe zwischen UNS, WIR trugen Mäntel mit Keulenärmeln, der Vorfusz war feuerrot vom heiszen Fuszbad, *Lévinas muszte ich wieder aufgeben*, ER sagte, du muszt zum Ohrenarzt, die Welt ist laut, laut ist schön, die fliegenden die elektrischen Haare, sie fliegen dem Kamm nach, auf der Strasze die Passanten wie angezogen vom Anblick meiner übergroszen Schuhe, können es nicht glauben? Allee Hündchen, Knospe des Fleisches = bud of flesh. Der Vater, mit 80 Jahren noch alle Zähne – wenn er mich besuchte wenn ich krank war, eine Erkältung hatte, Fieber hatte, preszte die Lippen zusammen, die Nüstern, als ob er Angst hätte vor Ansteckung, Angst davor, die Bazillen einzuatmen.
Concept Kunst : Gletscher Kunstwerk, etc.
X. teilte die Frauen ein in solche mit länglichen (Trauben) Brüsten und solche mit vollen runden (Apfel) Brüsten, behielt jedoch für sich, welchen er den Vorzug gab, »das Beispiel Mollys, die sich mit vier oder fünf

Jahren selbst Liebesbriefchen schickte, die sie übrigens mit einem looking glass verglich : oh Molly Bloom, you are my looking glass . .« Joyce / Derrida.
Groszes Transparent über dem Portal der Volksoper : »bin mit beiden Beinen in den Wolken« : billige Spitzfindigkeit, usw.,
(oh my news : meine ständige Infantilisierung)
legte mich dann auf die rechte Seite, um mein Herzklopfen, das ich in den Ohren hörte, nicht verfolgen zu müssen – das mich daran hindert wieder einzuschlafen, ausgetrockneter Mund, body awareness = Körper Bewusztheit.
ER war aufgetaumelt, betrachtete meinen Nabel, als ich sagte, ich habe Angst vor meiner Zukunft, sagte Bodo Hell, *wie nett*. Möchte gar nicht zurückschauen auf das bereits Geleistete, nur voll Neugier nach vorne schauen was da noch kommt, usw. Warum immer diese derbe Musik am Morgen, frage ich mich, immer diese Schnörkel am Ende jedes Kapitels, was mir gar nicht gefällt, Sonne prügelt mich, Fliege mit Schleppe, heute noch nicht in den Spiegel geblickt, aus der Mitte der schönsten Geistes Laufbahn herausgerissen zum Tode

4.11.06

44·

lieber Freund,

gestern war Sturm, Staub wirbelte die abgefallenen Blätter in der Luft, ich schreibe nur kurz es geht mir heftig im Sturm, die Hausschilder rüttelten an den Fassaden, die Dachziegel flogen im Wind, ich hatte Angst verletzt zu werden, die Marmorplatte auf langem Tisch, vielleicht ein Traum, verwandelt in ein Meer von Millimeter-Goldfischen, inmitten der Kaffeehausbesucher hatte sie ihr Baby gestillt, während die Hagedorn Sträucher. Heute der Hund Duke verabschiedet worden, so Valérie B., *eine Theorie der Trauer*, der Vogel Ellington ist auch an einem 6. hingeschieden, und dies nun, das Einschläfern des Hundes als weiterer Stein in der Kette der Abschiede, so Valérie B., auf jeden Fall weisz ich jetzt, dasz die Zeit, wo ich die Tür ein weiteres Mal zumache und nie wieder aufmachen kann, näherrückt, ich melde mich bei dir, so Valérie B., sobald ich nicht mehr so viele Tränen im Hals habe ich würde mich vielleicht besser erinnern können, an das was Paul Celan damals gesprochen hat, 1957, als er mich in meiner Wiener Wohnung aufgesucht hat, wenn ich in seinem Buch »Atemwende« lesen könnte, aber ich finde das Buch nicht mehr (mit diesem Windgefühl Widergefühl).
Mir träumte, Andreas Okopenko habe bei seinem Fenstersturz so viel Kleinholz : *Hölzchen* bei sich getragen, dasz er nicht in die Tiefe gefallen ist, sondern schweben konnte, er konnte in die Tiefe schweben als ob sich

über ihm ein Fallschirm geöffnet hätte – hier verspüre ich meinen Daseinsgrund, inmitten Wolken von Engeln, inmitten wolkender Engel.
Hely, früher Helli genannt, Mitteltante, oftmals eingedenk ihres plötzlichen Todes, indem sie aus dem geblümten Seidenkleid fiel und verstarb, usw. Ich kann nichts anderes sagen, schreiben, denken, als das was die Jahreszeit mir eingibt, so Francis Ponge, musz sagen dasz ich viel schlafe, wenig rede, eher mürrisch bin, scheu, an Schwindelanfällen leide, immer wieder stürze, in Mondsee 40 cm Neuschnee, sagt Christa K., der Mondsee weisz berieselt, trotzdem im Sonnenglanz, dasz ich die Holzläden zumachen muszte um nicht geblendet zu sein, usw. Das Englische ist mir anstrengend, nämlich unberauschend, nur Fakten aufzuschreiben ist angebracht, Umarmung, und ich denke an die kleinsten Momente mit dir und von dir

7.11.06

45.

lieber Freund,

ich bereite jetzt einen Text vor, der sich auseinandersetzt mit dem Werk von Paula Modersohn-Becker, bin schwindlig, habe instabiles Gefühl auf der Strasze, das Maschinenschreibpapier war mir ausgegangen, es war Wochenende und die Läden geschlossen, ich verwendete einseitig beschriebene lose Blätter, Valérie B. erzählte mir am Telefon, der Hund Duke habe *viel gehinkt* beim Spazierengehen, sie seien in ein Natur Reservat gegangen, der Hund Duke wurde von drei Schwänen überflogen was mich schwärmerisch machte. Damals, hatte schwarzen Affenpelz gehabt, Affenpelz wurde verräumt, habe vergessen wohin, hätte ihn gern noch einmal gesehen, nicht gern getragen weil zu auffallend, war tiefschwarz mit Zacken Haaren, Edith S. sagt, wie beiläufig, wir werden alle nur einmal durchgejagt, usw., was das gelegentliche Fremdgehen betraf, war ich fast immer nur verliebt, ich meine ohne Konsequenzen, wischte mir die nassen Hände an der weiszen Schürze ab, die am Küchenschrank hing, möchte noch einmal mit dir in ein Jazzkonzert gehen, vollkommene Kommunion, sage ich zu IHM, wo bist du hingegangen, sage ich zu IHM mit deinen perfekten Kenntnissen der englischen Sprache, du beherrschtest sie wie deine Muttersprache, etc., damals, in meiner Kindheit eislaufen im *»Eislaufverein«*, dazu Lautsprecher Musik, die tanzenden Paare das süsze Huschen, vor vielen Jahren Unica

Zürn gelesen, finde das Buch nicht mehr, habe immer das Bedürfnis mir die Schuhe aufzuschnüren, trage aber *Schlüpfer*, was mir aus dem Bewusztsein gefallen ist, zwischen eingeschaltetem Fernseher und eingeschaltetem Radio fliege ich hin und her, kann mich nicht entscheiden, wo ich bleiben will (Exzesz), ringsum immer Reflexion, was ist ein Wiedergänger? in der Küche der zarte Duft von Popcorn (»salted«) im verschlossenen Plastiksack, Christa K. am Telefon (»referierte«) lange über die Ostgoten und deren Herrscher, als sie geendet hatte, sagte sie leise, stockend, habe ich dich gelangweilt?, was ich bejahte.
ER liest mir einen Brief von Klaus Wagenbach vor, in welchem dieser schreibt, »jetzt, wo Sie diesen *zarten Ruhm* empfangen haben . .« : obwohl sie Jahrzehnte zusammengearbeitet hatten, behielten sie die Anrede »Sie« bei, das hatte mir gefallen und ich wollte es mir merken, es ist recht spät es ist immer zu spät mit JOYCE

13.11.06

46.

lieber Freund,

alles nur angefangen, nichts fertig gemacht, in fünf Büchern gleichzeitig gelesen, was den *Affenpelz* angeht, möchte ich ihn gerne noch einmal streicheln, er ist wohl in einen groszen Sack montiert nämlich wie Mottensack, tiefschwarzer Zottelpelz, auch vergesse ich viele Dinge, ich wollte ihn nicht tragen, damals, als ich ihn gekauft hatte, er war zu auffallend aber er hatte mir gefallen. Was die Zebraherde betrifft im heurigen Frühsommer bei groszer Hitze, wollte ich nicht mit ins Gehege, obwohl Carmen T. mich darum bat, das wollte sie mit der Kamera festhalten, der Kellner im Café Ritter fragte mich, wie es meiner Tochter gehe, ich korrigierte ihn nicht, er hielt Edith S. für meine Tochter, vermutlich weil wir ähnliche Frisuren tragen, es war ein wilder Irrtum oder Miszverständnis, ich war sehr aufgeregt am Heimweg, wollte möglichst rasch nach Hause zu meiner Schreibarbeit zu meinem *Spezialgeist*, lief mit etwas zu vieler Erschrockenheit am Nachmittag querfeldein durch meinen Bezirk, immer auf der Hut vor Leuten die mir die Handtasche rauben würden, Asche über dem Himmel. Ich habe Bach aufgelegt, ihn ausgetauscht gegen Bob Dylan, habe ein paar Fellmäntel bei meinem Kürschner anprobiert, konnte mich in den groszen Spiegeln nicht anschauen, war so monströs oder gigantisch, hatte einen anderen Eindruck von meinem Körper, war invalid (in meinem

INBILD) in Tücher und Lappen gewickelt, das waren lauter Schlepp *Inventionen* : Johann Sebastian Bach : »Invention Nr.6 in E-Dur«, in meiner Fuszregion, mit Vollmond und Baumkulisse im Hintergrund usw. Gestern abend, als der sympathische Nachrichtensprecher auf dem Bildschirm auftauchte, war mir zum Weinen, damals Mai '54 mit IHM bei der ersten Innsbrucker Jugendkulturwoche kam Lily von Sauter auf uns zu und sagte leise, wir werden einander wohl nicht mehr sehen, sie wuszte dasz sie schwerkrank war, ging dann rasch weg, und ER sagte zu mir, diese wunderbare Frau versteht es Abschied zu nehmen –

16.11.06

47·

lieber Freund,

heute der Papst nach Istanbul, partielle Sprache, wann vor wievielen Jahren habe ich begonnen damit, mich am Stiegengeländer festzuhalten. Immer wenn ich mir das Auge verletzt hatte, sagte Mutter, kannst du noch sehen? Christel F. vor der österr.-slowakischen Grenze das Ortsschild »Maria Ellend« gesichtet, sie schrie auf. ER hatte Postkarten und Ansichtskarten von Freunden gehütet, und als wir sommers in Bad Ischl waren an den vielen Regentagen und ins Lokal in der Mitte des Städtchens, und ich mit Bergschuh' immer wieder vors Tor, die Witterung zu prüfen, ach diese Glut gebückter Seelen auch! die Blähungen auspumpen, sagt Lichtenberg, ebenso die Blüthen von Hogarth's Blühungen usw., unbändige Nelken und Oleander im Erdkämmerchen, ER ist vielleicht ein Wandertyp, ach meine erbärmliche Lebensgestalt ich kann IHN nicht mehr finden, ich wuszte nicht was ich sagen sollte, wenn ich mit Leuten Bekannten zusammentraf, und ich sagte was MUSTERHAFTES dasz es mir aus dem Mund flog, vielleicht würde es ein glorreicher Tag weil ich heute nacht nicht nur meine auf einer Zugfahrt begonnenen Briefe an dich fertiggeschrieben habe sondern weil ich heute den ganzen vergangenen Oktober wiedergelesen habe. Mein teurer Freund, wollte nur schnell rüberblitzen zu dir, habe im Fenster *verschossene* künstliche Anemonen und Veilchen, usw.

Ariane Breidenstein schreibt, alles ist ungeheuerlich explodiert, vielleicht weil ich ein Café besucht habe und dann gestorben bin im Traum, die Luke ist geschlossen. Heute mittag im Gasthaus ein donnerndes Lachen wie ein Gekläff, und ich schüttelte mich vor Schrecken. Links ein elongiertes Haus oder Linie eines sich auflösenden Kondensstreifens wie ein Bild von Klee oder Kandinsky –
ach dieser dein jüngster Brief ist eine Arzenei, ich lese ihn immer wieder, wenn ich nicht mit dir sprechen kann, musz ich wenigstens an dich schreiben können, und die Wolken hängen heute bis auf die Erde herab, usw. Geschenk der Tränen. Vor ein paar Tagen über Stifter geschrieben »und als Amalia gestorben auf dem Fuszboden lag sasz das Hündchen Putzi winzig klein auf ihrer Brust« und Seelen Beschattung und hie und da ein Wind wie ein Werwolf . . Katze im Gras, und die Eidechsen die glücklichsten, so Valérie B., die mir in diesem Sommer meine Lieblinge geworden sind, wie immer ein Kinderschrei (innerlich), nur das blitzartige ihres Verschwindens noch erblickt, etc. Tante H., 95 (instinktiv), steckte ihr Taschentuch immer in ihre Brust, und den langen Husten, sagt Edith S.

28.11.06

48.

lieber Freund,

heute nacht mehr geschlummert als geschlafen lange wach gelegen gehustet, Angst gehabt, einen Rückfall in die Krankheit zu bekommen, die vielen Tropfen Schweisz vom Gesicht rinnend, die Augen verklebt, verwaist in der Welt. Als mir die Ärztin Blut abnahm fielen einige Blutstropfen auf den Fuszboden, bildeten eine kl.Pfütze – das kl.Rinnsal an meiner Seite, usw. Früher war ich überlebensgrosz jetzt mittel, trage eine Art (Schnee) Uniform immer die gleichen T-shirts, Jeans und Pullover, ich lebe ständig in Angst, gestern abend die Angst man käme mir auf die Schliche (wie als Kind als ich gelogen hatte), fegte mir den Blutdruck in die Höhe, liesz die Temperatur steigen, und ich fühlte mich verloren verdammt : die Jagd meiner Person aus dem Haus aus dem Ort, ich trug verschmutzte zerrissene Kleidung : Michael Schmidt / »in Gänsefüszchen«, Schriftzüge in den Augen / Petrarca / Pastior. Er sagte am 10.August '87, ich schreibe Operettenhaftes, ich schreibe Operettendichtung, habe mich nach Jahrzehnten wieder dem Zeichnen hingegeben, damals, '47, Sirene (circa) mit Hans Weigel im Eissalon, fragte mich welche Sorte ich wählen wollte, konnte mich nicht entscheiden, wurde unwillig, sagte, ich müsse mich entscheiden, ich sagte, *es ist mir egal –*
da bisz die Musik zu
HC Artmann sagte in den 50-er Jahren, immer saubere

Wäsche tragen, um nicht bei einem Unfall dem Gespött ausgesetzt zu sein, usw., immer saubere Unterhose, keine Schuhe gehabt damals, meist in Pantoffeln zum Café Hawelka, sein Stiefvater Flickschuster.
Die mondäne Frau will immer ihre Ohren herzeigen : Geste der Entblöszung? oder das Winter Ohr, Haarsträhne hinters Ohr gestreift, ein einziges Ohrgehänge wie Bauchfreiheit sind »hip« oder »in« nämlich Jugend Jargon.
Wie ein Brettspiel diese Aufzeichnungen dieses dauernde Hin- und Herschieben von Worten und Sätzen, borgte mir einen Céline aus ohne ihn lesen zu wollen, wenn alle Briefe so wären wie der deine jüngste, hätte ich noch mehr Freude Lust an meiner Post, schreibe ich an Ariane Breidenstein. Elfriede C. auf der Strasze getroffen : sie habe eine Bronchitis, sagte sie, und ich spürte wie die Krankheit *direkt* auf mich übersprang und ich begann mich zu fürchten. Ariane Breidenstein schickt mir ein embryonales weiszes Kind mit vielen Buntstifthändchen und dahinter ein Hundetier in der Form eines Wollknäuels, was die Poesie verkörperte, riesige Lust zu den Füchsen, als ich nach Hause kam, erwartete mich ein Fuchs am Haustor, der mir die Stiefelette gestohlen hatte

3.12.06

49.

lieber Freund,

heute von dir geträumt, ich erinnere nicht was ich geträumt habe. Maxi ruft an und sagt, *perverses Wetter!* : auf meinem Balkon der Christbaum und daneben blühen die Pelargonien, gestern aus einer Zimmerecke plötzlich DAS STIMMCHEN, Frauenstimme ganz deutlich obwohl niemand da, konnte nicht verstehen was die Stimme sagte (Mutters Stimme?) – wie lange werde ich jetzt wieder brauchen, mein Seelenfluidum zu beruhigen, bin aber für die Unruhe dankbar, Wellenbewegung in meinem Kopf meinem Körper, grosze deutsche Herz Gala, usw. Thorsten A. schreibt aus G. : er schreibt »sehnsuchtsvoll«, schöne freundschaftliche Fackel, schickt Foto seiner Tochter, vierjährig, mühsames Lächeln? kl.Geschenk für Edith S., entschuldige mich bei ihr dasz es nur »ein ganz kl.Geschenk« ist, ich spüre das Hündchen der Kopfpolster naszgeschwitzt, ich schleppe Bücher heran und ins Bett, alles Bücher die ich schon mehrere Male gelesen habe, kein ungelesenes Buch dabei, Moni faszt nach meinem linken Arm, ruft, ach das faszt sich dünn an, dein dünner Arm, darum keine ärmellosen Kleider, sage ich, aber schrekke zusammen, wie ich gleich meine Blutdruckwerte hinaufjage, sage ich, sobald ich jemandem gegenübersitze der erwartet dasz ich zu sprechen beginne, dasz ich ein Gespräch führe, Bodo Hell sagt, am Ausdruck deines Gesichts erkannte man, dasz deine Blutdruckwerte erhöht sind, es war da ein Zug ins Tragische. Vor ihrem vierwöchigen Aufenthalt in Indien wurde dem Arztehepaar nahegelegt, während der ganzen Zeit auf sexuelle Betätigung zu verzichten, die Barackenwände papierdünn (was sie befolgten, wie sie erzählten). Moni sagt, ihr Mantel sei im Café vertauscht worden, sie trage jetzt einen tiefblauen Mantel, nachdem ich die Clementine verzehrt hatte, blieb ein bitterer Geschmack in der Mundhöhle, Leo N. schrieb am 5.Dezember 2002, morgen ist Nikolaus, als ich die Absicht äuszerte, dir zu schreiben, sagte Erna, du muszt einen langen Brief schreiben weil ich in der Regel nur kurze Briefe schreibe, um 9 Uhr 30 hole ich täglich unsere Post aus dem Briefkasten vor der Gartentür, und ich bin immer noch enttäuscht, wenn ich in der Post nur Reklame finde, bin allerdings sehr auf Post eingestellt, usw., ich zittere meine Hände zittern wenn ich schreiben will, ich knatterte zur Maschine begann zu flennen (flennen)

5.12.06

50.

lieber Freund,

pustet der Wind. Der Traum, in höchster Eile alles in einen Koffer geworfen, weil schon spät dran, kl.noch grünes Ahornblatt auf dem Schreibtisch, *bröselnd* unter meinen Fingern, Tanzschritt des Apothekers in Bad Ischl, um die Ecke gelaufen im Regen mit Maria Gruber (Maria Callas?) ganz gegenwärtig im Puls Gebäude, den Wagen geparkt, die beiden Schirme, sehe alles vor mir, *auf losem China* und nächster Traum : Englisch unterrichtet nebenbei, Hauptberuf schreiben, nie subversiv gewesen, nie subversiv gedacht, obwohl, subversive Texte gemacht, seltsam genug, zwei subversive Freunde zu den Eltern mitgenommen zum Essen, Teller mit Gulasch auf dem Fuszboden weil kein anderer Abstellplatz, hatten die elterliche Bude vollgeraucht, aber die Eltern lieszen es gastfreundlich geschehen, dann mit ihnen noch auswärts zum Kaffee, nur Weste übergezogen und in die Kälte hinaus obwohl schon verkühlt, usw., Liesl U. hatte sich wieder gemeldet, mit Brief, hatten lange keinen Kontakt gehabt, wollte was dazuverdienen, intellektuelle Frau, schöner Traum, schnupfe tip-ex, halb aufgerichtet im Bett, sechs Uhr früh und stenographiert, stark gehustet, habt ihr Harry gekannt, frage ich die Freunde, war unser Zahnarzt und bester Freund, ist dann bald gestorben, Herztod. Habe jetzt Baustelle gegenüber, viel Lärm, trage jetzt schwarze Wollmütze, so, über die Ohren (»machst auf

jugendlich? – trotzdem in der Straszenbahn bieten sie dir einen Platz an, usw.«) was mich immer kränkt ja erschüttert : wäre gern noch einmal jung, bin mir zu langsam geworden, zu verschlafen, die grosze Schere mit offenen Schenkeln auf der Herdplatte, soll ich jetzt aufstehen, reinschreiben, erst sechs Uhr vorüber, an den Punkt gekommen wo es völlig gleichgültig ist, *ich* zu sagen oder nicht, zu Weihnachten werden wir wieder das Licht reparieren müssen, sagt Walter, wie im Fieber wie im Fieber . . ER ist wie ein Vogel oben in den Wipfeln, habe in einem Katalog über Eugène Carrière folgenden Absatz unterstrichen, »Edmond de Goncourt (1892) schreibt, dann spricht er (Carrière) von seiner Abneigung gegen die Sonne, von geheimnisvoll verhängtem Himmel, von dem mystischen Zauber der Dämmerung und benennt sich dadurch unbewuszt als Maler der zweifellos in die GRISAILLE verliebt ist (Grauheit, Düsternis)« –
so gegen vier Uhr auf und die Heizung angedreht, Isabel hängt ein Teesieb und die Kunst der Fuge an die Tür, »die Aura dieses Lüftchens aufgeschnürt . .« Petrarca / Pastior

6.12.06

51.

lieber Freund,

er besucht mich nicht mehr, ich meine den hl.Geist, weswegen ich weine, während ich Bach spiele, während ich die Vorhänge zuziehe, um die Sonne auszusperren und andere Zornesweisheiten, liegend auf altem Fellmantel, ich nehme IHN an der Hand, sage zu IHM, schau, hinter diesen Hügeln und Bergketten das Bahnhofsgelände von Graz, dorthin müssen WIR gehen, neben Halbsträuchern und kl.Blüthen, etc., ich erkannte das alte Bahnhofsgelände wieder mit den Veilchen im Blumentopf, den Heckenrosen und Ziehbrunnen, dann fuhr der Zug ein und der Schaffner rief einsteigen! aber ich wäre fast zu spät gekommen ich war noch auf dem halben Weg. Ich konnte in eine gegenüber liegende Wohnung sehen : Frau mit weiszer Halskette an einem Schreibtisch, arbeitend. Dahinter Stubenmädchen mit weiszer Putzschürze, *in den Achseln*. Im Konsum, in der Kantine, dort aszen und tranken WIR und ich stützte IHN beim Hinabsteigen über die Stiegen, dann tauchte die Frau mit der Halskette plötzlich bei mir auf, WIR suchen das Literaturhaus in Graz, wo ich eine Lesung halten sollte, ich weinte viel, weil ich verlassen worden war vom hl.Geist, usw., *mit nassen Augen und in den Achseln*, aber WIR wuszten nicht wie das Literaturhaus aussah, *es war eine Naturwirklichkeit*, ich sah, auf einer Seite waren meine Haare lila, auf der anderen schwarz, so sollte ich auftreten, WIR kamen gerade von einer

Urlaubsreise zurück, es war wunderbar gewesen, ich wuszte nicht mehr wo WIR gewesen waren, knochenlose Materie, wie gesagt wird, ich hatte viel geweint, weil ich verlassen war vom hl.Geist, WIR brachten ein Edelweisz mit nach Haus, ich wünschte mir von IHM, einige andere Reisen anschlieszen zu können, Nizza, Venedig. ER sagte, Vater schaute zuletzt immer seine Hände an, da hatte er schon seine grosze Zeit des Aquarellmalens, zuletzt das Bett auf den Korridor gestellt, WIR besuchten ihn ehe er starb, usw. Habe Sekundenträume, sage zu Edith S., da war doch etwas mit einem petticoat und Flirt, es liegt lange zurück, Teebeutel ESPERANZA – ich tupfe in die Blumenerde mit den Zyklamen, um zu prüfen ob sie Wasser brauchten, schluckte die Kräuter des Hustentees mit herunter, blieben im Hals stecken, Überflutung mit Robinienblüten, gehe noch nicht am Stab, habe früher in einem Meer aus Sprache gelebt, habe früher kristalline Texte geschrieben, sitzt man einem schönen jungen Menschen gegenüber, kann es geschehen, dasz man sich mit ihm mit seiner Jugend und Schönheit so sehr identifiziert, dasz man sich selber jung und schön fühlt

10.12.06

52.

lieber Freund,

gefegt aus dem copy shop, und Innen-Backwerk : heute nacht geträumt, es rauschte dann den ganzen Morgen als hätte ich meine Wohnstatt direkt an einem Wasserfall und rauschte mir lange nach und es sprach in mir »es rauschte und rauschte«, als sich Edith S. verabschiedete und mich wegen ihrer Erkältung nicht küssen wollte, drückte sie einen Kusz in den Fellkragen meines Mantels. Als ich »Blüthe« mit einem »h« tippte, war es mir, als duftete es aus dem Schrifttext heraus . . damals, diese dunkelgrünen *Tatzen* der in die Fluren Figuren tappenden / langenden Wälder, Meere von Nachtigallen, Himmel voller Ehrenpreis – ach was ich mir alles ins Gedächtnis zurückrufen kann. Musz so oft an IHN denken, damals, Café Hawelka, als ein Dichterfreund UNS fotografierte, es war schon Mitternacht WIR wollten aufbrechen, um zu zahlen griff ER (nestelte ER) nach SEINER Geldbörse in der Hosentasche, dabei fiel das Taschentuch heraus und auf den schwarzen Bretterboden, es gibt jetzt auch ein Foto von diesem Moment – was zählt ist das Bewusztsein des Augenblicks, nicht wahr.

Während die Tiere und die Pflanzen nichts Wildes und nichts Sanftes an sich haben den Schlafenden gleich (Petrarca / Pastior) scheint Augustinus unter dem Diktat des Engels hinter ihm zu schreiben.

Damals, in Altaussee, ich stand in der Telefonzelle und

rief Christa K. an, ich wollte ihr erzählen das Osterlamm in Altaussee, es war so kalt, es war Ostern, und es schneite, ich sagte zu ihr, es ist die Hölle!, es war ein Obermanöver, Christa K. bedauerte mich, dann fiel mir das Wort »inhalieren« nicht ein, wenn ich besser sehe kann ich auch besser hören, ich schalte das Licht ein, so höre ich besser die Stimme im Telefon.
Nina R. ruft mich aus dem Krankenhaus an, sie sagt, ich hatte heute nacht eine Halluzination : ich besasz ein winziges Auge und mit diesem Auge sah ich einen riesigen Engel in einer milchigen Kontur, es war wie eine Figur von Wotruba.
Ach, ER war immer ein Humanist, ER war immer ein Moralist (»das *kannst* du nicht tun!«) ach, es ist mir so müde, niederdonnern die Jalousien und Jahreszeiten es ist mir so müde mit diesem Schmerz – verdammt sei die Sonne verbarmt und erbarmt, möchte wieder ein Kind sein und an der Hand des Vaters

12.12.06

53.

lieber Freund,

und es war auch eine vertraute Stimme, plötzlich aus der Küche, obwohl, niemand war da auszer mir selbst, und ist da nicht jemand in der Küche gesessen, im raschen Vorübergehen war mir doch so als säsze da einer auf dem Küchenstuhl neben der Tür, wer war es, war ER es gewesen, es aufersteht ein Sinnenwahn, wenn ich an SEIN Ende denke, herausgerissen zum Tode : der Primararzt sagte SIE SIND EINE STARKE FRAU, nachdem er verkündet hatte, dass ER eben gestorben war, und ich vor dem Zusammenbrechen, und ich schrie und schluchzte und wollte mich niederwerfen, ich wollte zu Boden, und er sagte mehrmals, SIE SIND EINE STARKE FRAU, aber ich weinte und schrie NEIN NEIN und ich wollte nicht weiterleben. Wie traurig, lieber Freund, habe mich wie es mir scheint der Poesie entfremdet, im Schlaf ein Luftsprung über den Abgrund hinweg, ER sagte heute zeitig ins Bett und beten oder was, es ist schrecklich wenn man die alten Gebete nicht mehr auswendig kann, was soll man dann hersagen, wenn man nicht einschlafen kann, usw. Dann fragte ER, soll ich den Kinderwagen kaufen, ich fragte IHN, willst du denn ein Kind zeugen, was ER bejahte – was hatte ich alles geträumt heute nacht wie ziehende Wolken, nachts das nasse Leibchen über die Stehlampe gehängt, da war mir zum Weinen, das Bettlaken fühlte sich an einer Stelle eiskalt an, dorthin hatte ich die Zeitung gelegt, die vor-

her den ganzen Morgen auf der Fuszmatte in der Kälte gelegen war usw.
Die Zyklamen am Fenster waren am Vertrocknen, ihre Blüten hingen über den Rand des Blumentopfes, ich überschüttete sie mit lauwarmem Wasser, nach zwei Stunden richteten sie sich auf, es schien ein Wunder.
Derrida schreibt, du hast richtig verstanden, man musz nackt sein am Telefon, was ich gesagt habe, du weiszt ja, ist unbemerkt geblieben, wie stets, wenn ich etwas vorbringen will, ich habe ein biszchen vergessen, wie Sokrates schreibt ER mit beiden Händen, manchmal die Hinneigung mit einem *Kratzer* (Messer) wie Sokrates auf dem Titelbild möchte ich alles auslöschen was ich bisher geschrieben habe. Es fiel mir so ein, aus meiner Vergangenheit, ein Augenblick unkonzentriert, und schon steht die Schulklasse kopf und ist nicht mehr zur Ruhe zu bringen. Obwohl Rechtshänder gebrauche ich oft die linke Hand um ein Glas zu ergreifen, besonders dann wenn ich versunken bin in Gedanken, ja man schreibt um geliebt zu werden . . schreib wenn du Zeit hast und eile nicht wegen mir

16.12.06

54.

lieber Freund,

habe so viel geträumt heute nacht habe so viel geschlummert habe so viele Ponge Bücher ausgeliehen habe so viele Stimmen gehört auch Callas, so viele Tränen so viele Erinnerungen Gedanken Betrachtungen so viele Wolken ANHIMMELND usw.
In der Wohnung der Eltern, Peter H. hält einen Vortrag der mich beflügelt beglückt, ER ist erzürnt läszt seinem Unmut freien Lauf, ich bin gespalten mache die Küchentür auf und spähe ins angrenzende Zimmer, Carmen sagt, mein zweiter Taufname ist Zitta, *die Allmählichkeit gestorben zu sein.*
Mein Nachtleibchen und die Rosenquaste, heute abend habe ich einen Freundeskreis, ich schaute zum Fenster hinaus und wünschte mir Regenwetter, Christel F. schreibt mir, ich solle mein Gedicht »Rabat« quer vor mich hinlegen dann würde ich die Silhouette dieser Stadt erkennen . .
Ariane Breidenstein schreibt, das Kind braucht einen Zeichenstift und wird heute bei jeder Linie an Sie denken, nein aber dasz ich Sie im Rücken habe, Ihnen nicht den Rücken zuwende sondern Sie im Rücken habe wie das Schreiben, und dann brechen die Gedanken, es ist wie ein Knäuel ein stummes Knäuel alles was nach Veränderung aussieht, *von Kindesbein*, Heidrun L. schreibt, ich habe auf deinen Anrufbeantworter gesprochen und als ich fertiggesprochen hatte begann meine

Stimme zu versagen also ich wurde vollkommen heiser, zuletzt war ich ohne meine Stimme und ich dachte mir, vielleicht sollte man tatsächlich seine Stimme nicht einem Anrufbeantworter *verschreiben* wie in der Sage die Seele dem Teufel *verschrieben* wurde.
Ich kann mich schon gar nicht mehr an das Krankenhaus erinnern so sehr war das im Nebel, den Frauen ist es eine Lust, ihre Gefühle spontan in den Mund aufsteigen und über die Zunge herauskommen zu lassen, Euripides.
Ein sich wiederholendes Vögelchen auf einer Tapete, Dr.Nikolaus B. sagte mein Gesicht ist *gepolstert* aber nicht dick, und ob ich überhaupt schreiben kann wenn ich diese Schwindelanfälle habe, er wisse jetzt nämlich warum ich eine ganz junge Anhängerschaft habe, weil aus meinen Wendungen oft die wilde Jähheit herausstrahlt, mit entspannt schlenkernden Armen, wünsche dir, dasz dir physisch nichts zusetzt, dasz du frei bist von solchen Qualen und heiter herumlaufen kannst mit deinen vielen Täschchen wie immer, dann reisz ich mir das Herz heraus und plötzlich bleibt die Platte stehen

19.12.06

55.

lieber Freund,

bin so verwüstet unbändig verwildert, bin so bewegungslos, der Arzt streicht mir über den rechten Handrücken und über den Unterarm und sagt, nein du bist noch nicht gesund, dann sagt er du bist gepolstert aber nicht dick, usw.

Es ist ein Natur Sonntag, damals sagte Georg H., am Morgen, habe nachts deine Wimpern betrachtet, während du schliefst, so wie ich nicht sprechen kann, zusammenhängend sprechen kann, kann ich auch nicht mit der Hand schreiben, weil ich zittere, nämlich die Hindu Spitze, Maria Callas schluchzt im Nebenzimmer, *ich bin ein underdog*, dann bisz die Maschine zu, ich hatte eine Blasenkrankheit, ER und Edith S. erschienen mir zuweilen identisch, ich dachte an IHN und sprach, was ich gedacht hatte, zu Edith S., *vielleicht hatten die beiden dieselbe Wertigkeit*, ich vertippe mich ständig, da wurde es mir zum Weinen schön, das sind die Menschen Verhältnisse.

Damals, der Dichter Jürgen B., als wir tanzten, fragte mich, ist das alles Natur, er meinte die Haare und weisz Gott noch was.

Diese heilige kl.Frau im Erdgeschosz, die immer lächelte und es immer eilig hatte, hatte ich ins Herz geschlossen, im Sommer schaute sie den halben Tag aus dem Fenster, als ob sie Ausschau hielte nach jemandem den sie erwartete, aber sie hatte wohl nie Besuch, sie war ein Flüchtling, ich wollte ihr jeden Tag etwas Gutes tun, sie nannte meinen Namen und grüszte mich sehr herzlich, ich traf sie gerne wenn sie im Haus unterwegs war, die tränen-, die tannengrüne Welt und die weichen Pfoten des Wassers, nämlich das Schlingern der weichen Pfoten des Wassers, inmitten der mir teilweise nicht bekannten Gesellschaften im »Kl.Café« spürte ich wie mein Blutdruck anstieg, *ich fühlte mich ungnädig*, der Wald hatte die Eigenschaft eines Labyrinths, ich hängte den Rutensack an die Kleiderwand, der Himmel ein blaues Löschpapier, ich war langsam geworden : ein träger Flusz, ich kroch den Fuszboden lang, nur Sonne und Wind zum Plündern, René Char, ich sagte zum Christbaumverkäufer aus Ottenschlag, meine Wohnung ist zu klein um einen Christbaum aufstellen zu können, ich kaufe Ihnen einen Tannenzweig ab, die Postfüsze (utterly), einmal, von Mondsee aus eine Wanderung auf einen nahen Berg mit Christa K., ER ging mit Christa K. voraus, bei lebhaftem Gespräch, ich folgte in gröszerem Abstand, hatte das Gefühl Mutter sei mit mir, es war eine AURA, ich ging zwischen den Beeten, sie war deutlich zu spüren, »drehte sich, Wolke, zu mir, die kommt jetzt die blüht jetzt, die reisz ich frei . .« Ulrike Draesner

26.12.06

56.

lieber Freund,

gestern abend : jemand sprach in meinem Zimmer in dem nur ich mich aufhielt, eine Nacht voller Träume : die HNO Ärztin sagte, gehen Sie die Strasze ganz langsam entlang immer an der Hausmauer wenn Sie schwindlig sind, statt einen Stock zu nehmen, nahm ich meinen weiszen Schirm als ich das Haus verliesz. Christel F. sagt immer »ein Glück« statt »Gottseidank«, wie sind Sie hereingekommen, frage ich den Journalisten, der plötzlich vor mir steht, WIR befanden UNS in *Schlafhallen*, wo es hallte, wenn ich lange auf dem linken Ohr liege, fühlt es sich taub an, ich musz dann den Kopf schütteln dasz das Gehör zurückkehrt, es ist Sonntag und ich denke, meine Friseurin kommt morgen, Vater löst die Vitamintablette im Tee auf, hatte meinen schneeweiszen Kopf im groszen Spiegel gesehen, habe die Tintenflasche ausgetrunken, ich trug ein sauberes aber zerschlissenes Trikot (T-shirt) von Picasso, ich trug einen grauen Arbeitsmantel über dem beigen T-shirt, WIR trafen Franz Austeda, der UNS sagte er habe aufgehört zu trinken, WIR hörten Lach Stürme von der Strasze, Besuch von Künstlern und Journalisten, die Wohnung war weitläufig geworden, ER zog ein breites Messer aus der Scheide, drei Babykätzchen in einem kl.Sack in meinen Händen, die sich leise bewegten, ich stehe da wie ein Dieb weil ich das saubere aber zerfetzte Trikot (T-shirt) von Picasso zurückbehalten hatte, ich versuche ohne Brille zu lesen was nicht gelingt, mein unförmiges Spiegelbild, Elisabeth B., ehemalige Lektorin, am Telefon, verbietet mir, etwas Bestimmtes weiterzusagen, was ich aber schon getan hatte, darüber schweigt sie. Irgendwann hatte ich aufgehört, meine Temperatur zu messen, ich telefoniere eine Stunde mit Elfriede H., schreibe mir ihren Wort Schatz auf, ein Aberwitz, versuche im Traum zu promovieren restaurieren (onanieren) – vergeblich. Sage mir immer wieder ein Orakel vor, *wenn .. dann* : schaurige Vorstellungen : schaurige Konsequenzen, drei geschlossene Tage, sehne mich nach Lebens Behaglichkeit, *einmal gingen wir dahin und trafen den Zwilling*

27.12.06

57.

lieber Freund,

deine jüngsten Briefe : sei bedankt, mein Federkleid. Habe heute morgen purpur rotes Kehlchen gesehen, in seiner Luft, während Maria Callas, alles virtuell (stand auf einem Zettel), Eichhörnchen im Schnee usw., ach keine Beschreibungen! : Reflexionen! schreibt Peter H. zerrisz mir gleich »das Herz«, 's war ein *Hirngestrüpp*, ich taute, mein Auge taute, im Traum sah ich ein dikkes Mädchen, da steht sie nun vor den galoppierenden Sesseln und ich erkenne wie sie Fäden spinnt sirupartig indem sie ihre dunkle Fratze oder Figur verdoppelt (koloriert) : sie hatte sich kopiert, sie war zweimal da, bei meiner Lesung im kl.Kreis, *sie war geklont*, ich sagte zu ihr, das ist eine gute Idee, aber ich verstand das wenigste, sie hatte sehr schwarze Bedeckung mit zwei Chinesenzöpfchen wie Antennen, eine Dalí Moustache, dann hörte ich diese doppelte Figur auf dem Papier etwas sprechen, sie war wie Dolly das Schaf im Dirndlkleid, ich meine der offene rote Filzstift hatte sich in der Unterdecke verfangen, alles war richtig. *Verpufft.* Es wurde Farbe versprüht, Tusche und Kohle, es war übersät Bettuch und Decke mit roter Farbe, Rusz Batzen Fuszbinde, Marcell Feldberg schreibt vom Totenwurm, das ist die gröszte Schönheit, dasz die Augen der Schreiberin : Elisabeth von Samsonow über meine Zeilen schweifen das wäre eine Expedition ins Paradies, usw., die lauwarmen Windstösze bin auszer mir wenn ich hin schreibe (nieder schreibe) wir tranken Tee, Maria Frickenstein sagt, Christel F. ist tatkräftige *Unterstickerin* weil sie alles registriert, auf der ersten Seite der Zeitung ein groszes grünes Kleeblatt, ich betrüge mich selbst, auf der Strasze einen kl.weiszhaarigen Mann gesehen, der Mundharmonika spielte (er spielte das Weihnachtslied) und dazu tänzelte, man schreibt um geliebt zu werden, weine Sisyphus und ein Anflehen des Himmels um ewiges Schreibenkönnen, du weiszt nicht wie weh es tut alleine zu sein, schreibt Mia Williams, die viele Jahre tot ist, hatte rote Blumen im Haar. Einmal roten Fuchs auf dem Fuszboden gesehen, sein spitzes Gesicht, seine zusammengeschobenen dunklen Strümpfe, entpuppte sich als junger Fuchs, war aber andere Figur, verwende seit Tagen den gleichen Löffel die gleichen Gefäsze (etappenweise)

29.12.06

58.

lieber Freund,

was alles hatte Mario gesagt zu mir am Telefon, dasz sie Nina verabschieden würden mit weiszen Rosen übersät in ihrem Sarg und auf dem Sarg ein Schleier von weiszen Lilien Nelken und Narzissen und es würde nur der engste Familienkreis bei der Beerdigung sein und ein Schauspieler würde ein Liebesgedicht von mir lesen und es würde Musik von Bach und Schumann erklingen, und der Sarg würde leicht sein, und sie würde sein wie ein Engel . . ich habe oft mit Nina an den Sonntagvormittagen am Telefon gesprochen und das waren grosze Glücksmomente gewesen, zum letzten Mal habe ich mit Nina gesprochen als sie schon sehr schwach war, und das war sehr traurig für mich. Und vielleicht fände er allmählich Trost in seiner Religion und in der Erinnerung an ihre schönen gemeinsamen Jahre (diese Sterbensszene und Seele). Damals, im Sommer gingen WIR an dem Garten von Giuseppe Sinopoli vorüber, lasen das Namensschild, riesiger Garten mit hohen Bäumen, bald darauf war er gestorben, etc.
Am Bache gelagert, alles schien unwiderruflich, ich hörte eine Komposition von Mozart auf der Glasharmonika, die mir gefiel, die Venedig Tauben im Überflusz, Thorsten A. sagte ATMO und meinte Atmosphäre, er schrieb am Schlusz seines Briefes »sehnsuchtsvoll«, auf dem Weg zur Ärztin, im Blumenladen dachte ich plötzlich WAS FÜR EIN GLÜCKLICHER MENSCH ICH BIN,

Mutters schwarze Stiefeletten im Schnee auf dem Gehsteig gegenüber dem Haus der Ärztin, wo wir warteten auf das Taxi, Valérie B. telefoniert, sie habe dem Fuchs gesagt, er solle ihr die roten Stiefeletten zurückgeben, was er auch tat, sie würde ihm dafür das Hundefutter von Duke, das zurückgeblieben war, geben, es war ein Morgenhimmel, von Veilchen bedeckt, *der gelöffelte Purpur und Plüschwange* –

als sähe ich nicht richtig, wenn das Schreiben nicht geht, usw. ER wollte die Gaspistole loswerden, Wendelin Sch.-D. hatte sie dann in die Donau geworfen, wenn WIR zum ZEUS gingen wählten WIR einen Tisch im Hintergrund des Lokals, bestellten eine griechische Speise und ein Glas Rotwein aber ER sagte, du hast Augen wie ein Adler, etc., wie leicht es mir fällt zu lügen

1.1.07

59.

lieber Freund,

ich war ein guter Gärtner, so begann der Traum, machte coffeinfreien Kaffee aus grünen Teeblättern, *es war ein Nervenrausch*, dann träumte ich von Barbara F., ich sah sie ganz aus der Nähe, ihre schönen Wimpern, den fein geschwungenen Mund, ungefähr zwei Wochen nach der OP saszen WIR zusammen in der Bunten Kuh, ER küszte mich und sagte, schmal bist du geworden, als ich nach der OP im Aufwachzimmer lag trat ER an mein Bett küszte mich und sagte, kann ich schon zu dir sprechen oder soll ich später kommen, wir gingen immer sonntags ins »Kl.Café« es war winzig und überfüllt, man sasz auf Hockern weil es nicht genug Stühle gab, die Bedienung war aufmerksam, »reizend«, »entzükkend«, später die kl.Wildtaube auf dem Platz.
Einander überholend überhuschend durch lichtgrüne Wipfel in einen zartblauen Frühlingshimmel geblickt, wann eingenommen die Morgen Tabletten auf einem gelben Zettel vermerkt dann Wachträume : *Tanzpaläste*, ein Brief von Mia Williams, »*die Dame* die uns zuletzt nach St.Pölten fuhr war so betrunken wie die andere Witwe und ich, *die Dame* die Fahrerin hatte Zwillinge, eine Enkelin Resi und eine Jagdhündin Daisy . .« die Musik musz irgendwie fliegen, *Tiere sind Apparate* (Elisabeth von Samsonow).
Weil ich gesagt hatte dasz es ein nettes Lokal sei, war sie allein hingegangen, ich sagte, gleich wenn man eintritt,

nach links, und was hast du genommen, fragte ich, ein Glas Rotwein, antwortete sie, und ich erwiderte, habe ich mir gedacht, usw.
Herausgefallen aus einem Traum : mitten in einer Wiese drei Eihälften, Landschaft mit Taubenfeder, Schneetreiben im Zimmer, wieder Furcht vor dem Sterben ehe ich dieses Buch zu Ende schreibe. Nächste Woche nach Altaussee für acht Tage, dann wieder Wien *mit Blumen Absichten hier*, hier wächst alles zu wie im Palmenhaus.
Ein paar gesprochene Worte, dann ihre, Maria Callas' Wahnsinnsarie versinkend in Wasser hinschmelzend unter Tränen. Fürchte dich nicht vor ihnen denn ich bin bei dir und will dich erretten, spricht der Herr, was siehst du spricht der Herr zu Jeremias, dieser sagt, ich sehe einen *erwachenden Zweig ich sehe ein siedendes Kind und kochend*

3.1.07

60.

lieber Freund,

das Gefieder der auffliegenden Tauben rauschte als ich das Haus verliesz, dann fiel mir plötzlich am Frühstückstisch ein, dasz Ossi Wiener, um die Stadt kennenzulernen, tagelang mit der S-Bahn kreuz und quer durch Berlin gefahren ist, damals. Ich könne Gott danken, sagte Leo N. bei meinem letzten Besuch im September des Vorjahrs, ich könne Gott danken, dasz ich noch schreiben kann, er könne nicht mehr schreiben, er habe es oft versucht, es sei nicht mehr möglich gewesen, er habe seinen gröszten Wunsch nicht erfüllt bekommen, habe keinen Aufschwung mehr gehabt, keinen *poetischen Taumel* mehr erfahren, es kränke ihn alle Tage, in der Mitte des Tisches die mechanische Schreibmaschine, darin ein weiszes Blatt –
ich sei so erschrocken, der riesige Bücherberg links, dachte es sei ein dunkler Mensch, wieder rastlos malen, so Maria Gruber am Telefon usw.
Immer wieder Rast machen, mein instabiles Herz, von einem Café ins andere, von einem Gasthaus ins andere, immer wieder niedersitzen rasten dabei schweigen weinen immer wieder halt machen weil die Beine nicht mehr ausschreiten können, die Müdigkeit grosz, die Füsze schmerzen, und immerzu lächeln, niemand solle sehen, dasz man nicht mehr vorwärtskomme, wie damals ER vor einigen Jahren und ich neben IHM ungedul-

dig zappelig vorauseilend zurücklaufend, usw. (Durch den Spalt sah ich die Sterne, am Morgen.)
Gestern abend kl.Illumination, als ich IHM einmal einen Teppich schenkte, als der Teppich geliefert wurde, und ER sehr glücklich war, und sich der Länge nach auf den Teppich legte und sich wälzte, weinte und lachte, »Hirschlein Vögelchen mein Herz zerrissen ich folge dir nach . .« und senkte diesen letzten Brief ins offene Grab, habe mir für Montag notiert, Hyperion bestellen. Und in der Nacht aufstehen, um zu essen, das hat ER immer praktiziert, aufstehen zum Kühlschrank gehen, ganz langsam, unsicher, tappend –
einmal vor mehreren Jahren traf ich meinen Verleger im intercont in der Lounge Lagune und er fragte nach meiner Arbeit, nach meinen Projekten, ich wollte ihm schon lange das Du-Wort anbieten, versuchte es damals neuerlich, er ging nicht darauf ein, vermied es, mich direkt anzusprechen, fragte vielmehr *wie sagen denn die Freunde?*

7.1.07

61.

lieber Freund,

er stand im Hintergrund der Küche oder er hatte das Nähzeug auf den Knien er hatte genäht : eine Stecknadel zwischen den Lippen, er nähte ein Buch (zusammen) eine Anthologie. Ich war wieder verliebt in ihn, es war in den Sommerferien es war in der Wohnung der Eltern, ich sagte zu ihm, du weiszt sogar wo mein Nähzeug ist : eine Bast Schatulle. Es gab eine Menge neuer (junger) Autorinnen, er war noch mit einer anderen Dichterin liiert, aber ich hatte ihn vor den Sommerferien noch einmal allein getroffen, zu mir eingeladen es *schleuderte* mich in allen Nerven, *ich verschmachtete*, ich zeigte meiner Mutter (in einem groszen Papiersack) mehrere dicke Bücher die ich geschrieben hatte, was sie bewunderte, heute nacht wieder viel geträumt ein Traum war in den nächsten verschachtelt, halb fünf aufgewacht, Blutdruck gemessen, alles gleich aufgeschrieben, amikale Gefühle, mich gefragt, welcher Tag heute sei. Sie sagte am Telefon »im Bett herumtollen« (Carmen T.), hängt schlicht (»eine schlicht gestaltete Visitkarte«) mit schlecht zusammen, hatte ich eine beginnende Herz Krankheit
wir waren zum Cobenzl gefahren, wir saszen im Pavillon und tranken Kaffee, Dr.Panzenbeck wird mir helfen, *deanxit* abzusetzen, das ich seit sechs Jahren eingenommen hatte, bin abhängig geworden.

Immer wieder sehe ich IHN auf der Strasze SEINE Figur auf der Strasze, aber ER ist es nicht, ER sagte Renaissance? deine Bluse vielleicht.
Valérie B. schreibt, diese Helle = Helligkeit in meinem Kopf diese Klarheit in meinem Kopf, ich sah den Vater wieder in meiner Erinnerung mit einem Schuh in der Hand er stand am Abgrund = Felsendorn am Schwarzen Meer, die Vögel beobachtend : blaue Amseln : was für eine Schönheit,
»ich bin exzessiv« ich höre gerade die CD einer französischen Sängerin, Carla Bruni, so Valérie B., schöne einfache Balladen, eine mit dem Titel »bin exzessiv« aber eine grosze Ruhe ausstrahlend, der Reiz des Textes beruht auf der Wiederholung des Klanges X, usw. Will ein wahrer Klassiker werden, alles ist so einfach und so verworren, was ist hinter der Natur, als die Schulärztin kam und alle Schülerinnen untersucht hatte, sagte sie zu mir, *gut ernährt*

8.1.07

62.

lieber Freund,

gestern beim Arzt gewesen : ich lege meinen nackten Fusz in den Schosz des Arztes, er soll ihn heilen, er streicht über meinen Vorfusz und sagt dann, Sehnenscheidenentzündung. Ein Sirren der Leitungen, jemand kommt zur Tür, Sie wünschen? ich will hier fotografieren, kommen Sie weiter, es entsteht ein groszes Bild auf dem Balkon, ich verstecke mich hinter IHM, ich verstecke mich ja immer hinter dir, sage ich, ich habe eine Seidenhose an, sobald ich ganz aufgewacht bin, merke ich meinen halb geöffneten Mund ich schäme mich und klappe meinen Mund zu, weites Gelände, mit Edith S. wieder in die Berge gewandert, Moschus Moder Geruch aus den Wäldern, gestern früh als ich aufwachte und aufstehen wollte, spürte ich Schmerzen im rechten Fusz, heute ist es das linke Knie. Schmidt hat wieder (sehr leise) auf meinen Anrufbeantworter gesprochen, Ohr ganz nah dran, trotzdem verstehe ich kein Wort, ich bleibe in meinen Träumen, bin ganz ausgetrocknet, ich zittere bebe nicht mehr beim Schreiben also kann es nicht heilig selig sein, ich verwende die Salbe Deflammat für meinen kranken Fusz, assoziiere Feuerbestattung, zum Schein mit Mutter gehadert : liebevoll : wenn du dich wirklich verbrennen lassen willst, wird deine *Auferstehung* schwierig werden, worauf sie lächelt, *allzu Fuchsien faules Kabinett* . . (sie lag ausgestreckt, mir gegenüber, auf der Holzbank unter dem Kruzifix und sah mich unentwegt an, während ich asz, was mich irritierte), ich las ihr dann das letzte Kapitel meines neuen Manuskripts vor, in dem der Satz »einmal wird sie blasse Wangen haben« vorkommt, es spielte auf ihren Tod an, sie nahm es gelassen, dann sagte sie, einmal werde ich blasse Wangen haben.

Ich träume : ein alter Neger mit groszen gelblichen Augen, wir suchen nach Erdbeerblättern, die einen nützlichen Tee ergeben sollen, ich vergasz welche Krankheiten er heilen würde, Silvie F. sagt nicht, ich arbeite im Krankenhaus, sondern sie sagt, *ich arbeite in der Firma*

circa vier Wochen vor der Scheidung von Georg H. besuchte ich ihn oft meist am Morgen in seiner Wohnung, wenn er noch im Bett lag, ich setzte mich zu ihm um ihn zu trösten (hab mich schon abgerieben dasz die Sehnsucht nach dir nicht so grosz ist . .)

blaszgelber Horizont, es beginnt mit einem Sprühen –

11.1.07

63.

lieber Freund,

Cousin W. tritt mit einem leichten Gruszwort ein, sperrt sich selber auf und tritt mit einem leichten Gruszwort ein, ich habe es im Ohr, Stunden später, er war längst wieder gegangen, nochmals sein Gruszwort im Vorraum, ich mache überall Licht, will sehen wer gekommen ist, aber es ist niemand da, bin sehr erschrocken, woher diese Stimme, Nina vor zwei Tagen eingeäschert, der Wind weht die Asche davon, warum spricht sie mit Cousin W.'s Stimme, ich breche in Tränen aus, verlasse die Wohnung, mein Oberkleid durchnäszt : plötzlicher Wolkenbruch, nur Sonne und Wind zum Plündern, René Char, Kurt Schwitters sagt, DADA bedeutet bellen, etc.
Damals in P., Vater auf einer kl.Bank auf der Grasbüschel Anhöhe, während Mutter und ich zu einem Spaziergang aufbrechen, Vater zurücklassend, Mutter und ich schreiten aus, das Licht bricht aus den Wolken über der Ebene, wir wandern auf der Sonnenseite, was mir guttut, aber Mutter leidet darunter, wir wechseln in den Schatten, dann fällt mir während des Auskleidens das Wort »Zwerg Gottesdienst« ein.
In der Konditorei »Aida« ein altes Paar, ich grüsze sie, wenn sie die Konditorei betreten, sie sind berührend in ihrer Übereinstimmung, in ihrer zärtlichen Rücksichtnahme, ich freue mich immer, ihnen zu begegnen, sie erinnern mich an Figuren in Nathalie Sarraute's

»Tropismen«, jetzt kommen sie schon länger nicht mehr.
Felsgegend und Abgrund, tief unten das Meer : Valérie B. über den Vater : er hält einen Schuh in der Hand, schaut in den Himmel, beobachtet die Vögel, wenn man plötzlich alles sieht, kl.Finsternis Wäldchen mit Stichflamme ich steige ein wenig den Wald hinauf, IHN zu suchen und blicke *glitzernd* den Flusz hinunter, ich bin ein Tier.
Er sagte einmal die Musik des 20.Jahrhunderts ist der JAZZ.
Dann breitete sie meine Haare auf dem Kopfpolster aus und begann mich zu massieren, mein Gesicht im Spiegel verwischt.
Als wir in die Karlsgasse einbogen, sagte Liesl U. *unter Palmen unter Tränen*, ich musz nicht hier bleiben, ich kann auch in jedem anderen Land wahnsinnig werden, damals als Georg H. und ich heirateten, sehe ich auf einem Foto wie wir (ich mit hochgezogenen Brauen) aus dem Gebäude des Standesamtes *hervor hüpften*

12.1.07

64.

lieber Freund,

ein akustisches Phänomen (W.), als ich auf dem Bette liegend und lesend die leicht monotonen Gruszworte einer mir bekannt anmutenden Stimme im Vorraum vernahm, ich rief »Walter!« weil ich annahm, dasz der Cousin wiedergekommen war, aber da war niemand. Ich war sehr erschrocken, die grauen Wolken tummelten sich (taumelten) am Himmel und ich fühlte mich plötzlich auf Schwingen, und ich dachte an die Passagen mit den Anführungszeichen in den »Tropismen« und hatte wieder einmal das Bedürfnis, mich mit diesem Werk von Nathalie Sarraute zu beschäftigen, auf dem Heimweg kam ich an dem Geschäft meines Schneiders vorüber, *und es nieselte in dem Laden*. Der Wind wieselte über den Wiener Wald und ich dachte an meine Physiotherapeutin, deren Kopf mit den vielen blonden Löckchen mich an den Kinderstar aus den 30-er Jahren, Shirley Temple, denken liesz.
Heute früh die wunderbaren Schwertlilien an der Tür, hab Dank, eine grosze Freude für mich an dem heutigen Tag der voll Wunder war, ich rief Edith S. an und berichtete ihr von den wilden Zuständen in meiner Behausung, ja, sie wisse, dasz es solche Ereignisse gebe, ich sollte das rasche Gehen wieder trainieren, so mein Arzt, und ich begann heute nachmittag damit – eine junge Bettlerin, die an einer Hausmauer kauerte, winkte mir lächelnd zu auf meinem Weg nach Hause, als ob

wir einander schon lange kannten, ja, ich war auf meinem Weg zur Innenstadt ein paar Stunden früher kurz stehengeblieben um ihr ein paar Münzen zu geben, sie erkannte mich nun wieder, als ich den nämlichen Weg nach Hause nahm, im Café »Aida« sasz ich *geduckt* an einem kl.Tischchen und beobachtete die Besucher des Lokals, ein grellgelb bekleideter Müllmann schlürfte seinen Kaffee, ich glaube eine erschütternde Frömmigkeit ging von ihm aus –
ich hatte zuhause alles abgeladen (alle Einkäufe), um sogleich wieder aufzubrechen und weitere Besorgungen zu machen, die Gehsteige waren getigert von den vereinzelten Regentropfen
Thurn und Taxis wünschen mir ein glückliches neues »Jahr«, fühle mich sehr *angetippt* von der Lektüre der Bücher des Francis Ponge, Edith S. sagt von einer gemeinsamen Bekannten, *sie sei ziemlich schwanger*, ER führte eine kl.Aschenschale mit sich herum, einer Puderdose ähnlich, mit kl.Spiegel, um überall rauchen und die Asche verschwinden lassen zu können

12./13.1.07

65.

lieber Freund,

gestern mit Nikolaus B. und Ursula L. im Café Tirolerhof, Nikolaus B. erzählt von groszer Natur Erscheinung : der Schnee die dichten Flocken auf das bewegte Meer ohnegleichen unvergeszlich, blaszgelber Horizont und es beginnt mit einem Spähen, verblutet man sich in der Erinnerung (im Fenster) mit Dahlien Dolden Knospen, oh diese Liebe wie Aprikose (April), usw. Carmen T. trug eine graue Kapuze : ihre Lieblingsfarbe, mein Mantel wehte im Vorzimmer, am Kleiderhaken, jemand hatte ihn weggenommen, sie spähte im Kabinett nach dem Einbrecher, ich hatte grosze Angst, ich wollte IHN anrufen, wuszte aber SEINE Telefonnummer nicht mehr, beim Erwachen war ER am Leben, erst allmählich wurde mir bewuszt, dasz ER gestorben war, jemand sagte zu mir im Traum, ich glaube IHR wart »links-links«, ich protestierte.
»Aufmerksam lauschend und folgsam« : Mutter damals mit IHM durch den Wald (mit Farnkraut), sie sprachen über »Kulturrevolution« – ein Totenvogel.
Damals gingen WIR oft zu Felix Braun, brachten ihm : widmeten ihm UNSERE Bücher, bei seiner Erscheinung dachte ich immer an Rainer Maria Rilke, obwohl die äuszere Übereinstimmung nicht überzeugte, er war sehr blasz und zart, erzählte von seiner Schwester, die auch Gedichte schrieb, wenn Sie mich wieder besuchen, sagte er beim Verabschieden, tragen Sie

bitte keine langen Hosen, ziehen Sie lieber ein Kleid an –
weil ich ein neues Medikament einnehmen muszte, war ich am Morgen immer müde, schlafe während des Telefonierens ein, usw.
Bossi, Kosename für Posawat-Vian, meine Lieblingsprofessorin in der Sprachschule Kautezky am Schubertring, hatte Mozart Nase, war sehr zart klein beweglich sensibel, sagte zu unserer Klasse, übersetzen Sie bis zum nächsen Mal John Keats' Gedicht »On Beauty«, was ich mit groszer Begeisterung tat, »a thing of beauty is a joy for ever« : »An die Schönheit«, »etwas Schönes ist eine Freude für immer« – der Rest ist verlorengegangen. Im elterlichen Speisezimmer saszen wir zu dritt um den runden schwarzen Ebenholztisch mit dem hohlen Fusz (mit Messingbeschlag), und wenn ich nicht essen wollte, liesz ich die Speisen in den Tischfusz verschwinden, die Eltern, ins Gespräch vertieft, merkten nichts. Am Waschbeckenrand auf dem Korridor *die Geist Verteilung* : die schwarze zerfetzte Unterhose, die »Tropismen« so oft gelesen, dasz ich den Text teilweise auswendig hersagen kann, immer wieder geschieht es mir, dasz ich mir sekundenlang denke, das musz ich IHM sagen, darüber musz ich IHN fragen, und dann erst erkenne, dasz dies nicht mehr möglich ist

17.1.07

66.

lieber Freund,

es war alles sehr fesselnd, Roswitha B. sagte, als ER sie küszte in ihrer Wohnung, *jetzt sind wir verlobt*, was IHN erschreckte, gestern tobte Kyrill über Europa, musz top 40 besichtigen, ob noch alle Fenster heil, als der Blumenstrausz den ich meiner Ärztin mitgebracht hatte (sieben weisze Ranunkeln und ein Büschel Mimosen) auf ihrem Arbeitstisch vor mir in der Vase stand duftete das Zimmer, Ringo Star. Kl.silberner Stern auf meinem Leintuch (*Übungsgespenst*), im Fieberschlaf erstarrt, usw., ein Dielenbrett war aus dem Parkett herausgebrochen, darin wie eine Blume eine rote Feder eines Paradiesvogels, ich schreibe an Georg K.-T., ich laufe an jeder Hecke Buschwiese an jedem Eichenhain, an Blättchen Ästchen und Mondstrahlen vorbei, IHN zu sehen, begegne Spuren von Vogelfüszen (Füszen) aber ich kann SEINE Fuszspuren (Füsze) nirgends entdecken, eine Rückgeisterung : die Plantagen auf SEINEN Schultern und im Zwielicht die neuen Kälbchen –
ich sage zu Edith S., wenn wir durch die Stadt flanieren, Hand in Hand, dann umgibt mich das Feuer : das sanfte Feuer : die sanfte Glut des inbrünstigen Schreiben Wollens, die süsze Drangsal des Schreiben Wollens, so dasz ich sogleich nach Haus und zum Tischchen, die Rhône und der Rhein, sagt Mutter, die Räume in welchen ich mich aufhalte, sagt Mutter, sind so beengt, dasz ich gar nicht wirklich hinfallen kann, sagt Mutter lacht Mutter,

sie ist eine tapfere Frau wenngleich auszerordentlich ängstlich. Damals in P. auf der Dorfstrasze spazierend zu dritt, ER, Mutter und ich, aber sie schwankte und geriet in die Mitte der Strasze wo Autos fuhren, vorüberbrausten, wir befürchteten sie könnte überfahren werden, das war vermutlich der Beginn einer Phase ihrer Instabilität, die dann immer öfter zu neuerlichen Zusammenbrüchen führte, *nämlich sie fiel einfach um*, mehrmals am Tag, verletzte sich aber nie, sie war sehr zart und beweglich, und sie verstand es sich in die engen Räume *einzupassen*, ja sie füllte den Raum mit ihrer Person, mit ihrer liegenden Person, sie paszte genau hinein, ich half ihr aufzustehen, sie klagte, meine Energie ist gebrochen, der Lindenbaum hat viel Efeu. Der Boden auf dem ER stehenbleibt und mich anblickt, neunmal ist die Sonne schon aufgegangen oder sechs Jahre, *seit ER sich aus dem Staub gemacht.* Während den Geist Schwäche überkommt und die kl.grüne Libelle auf meinem Anzug (Zeug) nun von häufigen Nachtwachen angestrengt, meine Augen mit schwarzen Ringen verdunkelt, wundere ich mich im Spiegel frage im Stillen, ob ich das bin, usw.

21.1.07

67.

lieber Freund,

damals eine Karte von Valérie B. die sie mit Hermès parfümiert hatte, der Duft noch nach Wochen zu spüren, bettwarm, sagte eine junge Frau während sie an mir vorüberging, habe den Magen und den Schnee und die Tröpfchen Winter, Nina gestorben, wer wird jetzt den Vögeln Futter streuen, eine Geruchssensation in der Schönlaterngasse, angebrannte Speise, was für eine Chance was für ein Chanel, ich sage zu Edith S., wir müssen, um auf den Cobenzl zu kommen, *lauter Spiralen fahren*, nämlich mir fiel das Wort Serpentinen nicht ein. Es war am Neujahrsmorgen nach Helenes Tod, dasz er, H., auf dem Stephansplatz von jungen Leuten (auch Sohn und Tochter) umringt, und während er auf und ab ging, wie das Umherirren eines Vogels in einem Wald, ach und träumte von der Entfaltung meiner Liebe und Litanei, usw. Hatte meinen Wanderstock irgendwo stehengelassen, eine junge Frau ging nackt über die Wiese mit aufgespanntem Schirm, ist das Schnee auf der Wiese oder die weiszen Blumen, Francis Ponge schreibt, Sie haben eine tiefe Vorstellung von einem Frottiertuch, jeder Mensch hat das, usw., und irgendwie war das ja auch amüsant am Morgen das Präservativ in die taufrische Wiese zu schleudern wir waren barfusz, warum denke ich bei »kommunizierenden Gefäszen« immer an Stufen.
Damals Georg H. mit mir immer zu den Schokoladen-

geschäften im 1.Bezirk oder in der Margaretenstrasze, um Neuigkeiten : Spezialitäten aufzuspüren, gadgets, Plaketten in Farben nach einem Gedicht von mir angefertigt, mit einem Dankschreiben des Stadtschulrats, Vater schenkt mir eine kl.Goldmünze, anmutig klagende *Göre* kommt zur Türe, sagt, mir ist übel, hol mir ein Krügel Bier, gut für den Magen, etc.
Er wollte mich zum Hotel fahren, stieg aber unterwegs an seinem Wohnhaus aus um für mich die gesammelten Gedichte von Paul Celan zu holen, ich war in seine himmelblauen Augen verliebt, aber er sagte zu mir, wird ER es nicht spüren? ich wunderte mich, dasz er mich nicht gebeten hatte, mitzukommen in seine Wohnung, später, nach seinem frühen Tod, erfuhr ich den Grund – ich las viel in den gesammelten Gedichten von Celan, bis das Buch eines Tages verschwunden war, es tauchte nie wieder auf, meine Trauer war grosz. Habe leisen (Rotkehlchen) Schlaf, erstarrte in der Küche oder im Wohnzimmer, ging mit IHM in P. die Dorfstrasze aufwärts, Vater vor zwei Wochen gestorben, während WIR Hand in Hand wanderten und ich IHN fragte, an den Büschen vorüber, WO IST ER JETZT?, ER wuszte jedoch keine Antwort
du wirst dich vielleicht wundern dasz ich dich nie dränge mir zu schreiben in deinen heiszen Pulsen

25.1.07

68.

lieber Freund,

zerrüttet bin ich, mit Dampfröckchen, Christel F. sitzt im Tollhaus, alles scheint zusammenzubrechen, die Sonne klebt am Eisblumenfenster, zerschunden Hals und Brust, mit Federschmuck im Himmel, das Gestrüpp der Wolken, habe viel geträumt in der letzten Nacht, habe gefroren in meinem Bett, habe verschiedene Dinge gesucht, nicht gefunden, alte Zeitungsblätter sind durch die Luft gewirbelt, Roswitha hatte zarte spitze Brustwarzen sie war nackt unter ihrem Sommerkleidchen, ER trug einen Ehering an SEINER linken Hand, ich fragte was es bedeute, ob ER geschieden sei, WIR hatten schmutzige zerschlissenen Hausschuhe an, werde mir heute Jasmin und Mimosen kaufen, nämlich das Vorbeihuschen der Augen, Madeleine von T. in der Konditorei sagt, es paszt nicht hierher, aber ich muszte in der Nacht den ANUS putzen den ANUS des Hundes, er wollte es nicht leiden, wir sind beide zu den Englischen Fräulein gegangen, sie war ein kräftiges Kind mit struppigem Haar, wir waren Freundinnen, die zarteste Angst und Algebra, ein unergründliches Grün *oder Grau* an meinem Fenster, schreibt Georg K.-T., verdunkelt mir die Seele bis die Nachricht (Nachwelt) von dir ins gläserne weisze Haus kommt, das seltene kalifornische Kondorweibchen umkreiste dein Dach und Fenster, flog zu mir zurück und legte eine rote Feder auf mein Bett, ich legte die rote Feder vor deine Tür ich

bin ein Eiland und Land und steige ein wenig den Wald hinauf und *steige glitzernd den Flusz hinauf*, Petrarca schrieb 1352, ich bin weder lebendig noch gesund, weder tot noch krank, ich werde zu leben beginnen, wenn ich den Ausgang aus diesem Labyrinth gefunden habe –
Aslan Gültekin hüpfte (im Winterkleid) über die Strasze während ich vor seinem Kleidersalon wartete und sagte, Sie sind gerade über die Strasze gehüpft, ja ich wollte von der Gastwirtschaft eine Kerze ausborgen, haben Sie einen Kurzschlusz in Ihrem Laden gehabt, nein nur für den Tisch Schmuck –
der Cousin zeigte auf den Fliesenboden und sagte, schau doch, überall deine Haare, ganz schwarz der Boden, aber ich weinte aber ich sah keine Haare. Was das für ein weiter Weg ist, sagt Mutter, wenn ich ihr sage dasz ich zur Zuckerbäckerei um die Ecke gegangen bin, ich frage mich, warum es uns immer so wichtig erscheint, wissen zu wollen, was der andere macht, sollte das nicht etwas Verborgenes sein (Oleander Wald), bin rapide langsam geworden, ein Altersschub usw.

27.1.07

69.

lieber Freund,

Blitzschlag mit Hirsch, nahe dem Bach der durch einen Forst *lichterloh*, Blende ich weisz nicht, hast du Angst vor dem Schlafengehen, frage ich Fredy K., ja immer, werde ich überhaupt wieder aufwachen, wenn ich aufwache wie erlöst, froh wohlauf zu sein, usw., nahe meinen eigenen Gedanken. Dieser Samstag so teuflisch, wuszte mit mir nichts anzufangen, vielleicht bin ich eine *Wechselperson*, bin einmal der, einmal jener, kann mich mit jedem identifizieren, darum kein eigenes Urteil möglich. ER mit der Faust gegen die Glastür, blutige Hand, damals vor vielen Jahren. Eine Gesellschaft von Dichterfreunden, ER war da, aber ER hatte SEIN Gesicht mit einer Kapuze verhüllt, hast du meine Handtasche an dich genommen, frage ich IHN, hatte sie in einem Vorraum abgestellt, usw., suchte nach Fredy K., erblickte jemanden der ihm ähnlich sah, *ich schaute um die Ecke, eigentlich hinter einem groszen Granit Polster hervor*, ich sprach den Mann an, sind Sie ein Cousin von Fredy K.?, in der ausgestreckten offenen Hand der Gudny P. lagen Lederhandschuhe, Christel F. schreibt mir dasz sie keinen Einstand wünsche, Elke Erb schickt mir drei Gedichte von '04, sie schreibt, komme heute vermutlich an ein Faxgerät, will bitten dasz man dir morgen früh diese drei Gedichte hier von meinen neuen (die ich eben selbst treffe = auswähle) DA ICH SIE ALLE PFLEGEN MUSZ, wie ein Winzer die Reben, da sie subkutanen Ursprungs sind, sind ihnen Wellenwege natürlicher als Postwege meine ich aber von mir aus, leibhaftige Grüsze zumal morgens . . höre eine Zikade in meinem Zimmer, ein Gedicht über das Weinen Lauras, Liebesfieber des Dichters Petrarca, meine esoterische Küche. Mutter eilt zum Fenster, will sich hinausstürzen, ich hindere sie daran, halte sie fest, Mutter hatte eine weisze Zahnprothese im Oberkiefer, hatte begonnen, französisch zu lernen, ich ebenso, ER in kurzärmeligem Hemd mit Stadtplan umringt von ausländischen Germanisten zeigt der Gruppe die Route mit der U-Bahn zum Ort der Veranstaltung, ich trete durch zwei angelehnte Holztüren in einen weiten Hof, in dem sich eine Art Kalkwerk befindet, geheimnisvolle Landschaft, Mutter ist jung und agil, ER sagte immer, lasz UNS im Winter nach dem Süden reisen, lasz UNS im Süden *überwintern*, aber ich weinte und sagte, es ist meine Zeit, in der ich gut schreibe, etc., jetzt weisz ich warum Mutter in P. damals auf ihrem Kalender die Tage abstrich, sobald sie zu Ende gingen, sie war traurig, wenn ich kam, weil der Abschied vor uns lag, sie hatte das Frühstück schon vorbereitet, als ich durch das Gebüsch hindurch mich dem Haus näherte wo sie stand auf dem Balkon und Ausschau hielt nach mir

4.2.07

70.

lieber Freund,

heute halb sechs zu schreiben begonnen, du wirst dich vielleicht wundern, dasz ich dich nie dränge mir zu schreiben, Motten Klaviatur, die Putzfrau schreibt an Maria G., schade, dasz der Sandwirt zusperrt, da hat es immer so grosze Portionen gegeben, ich flüstere ein Wort der Liebkosung als ich IHN sah, dieses ganze Telefon zwischen UNS, sagt ER. Im Traum sagt jemand es ist halb sechs und es ist tatsächlich halb sechs, ich male meinen Wänden einen Horizont, es war das grosze Zimmer in der Wohnung der Eltern, es war ein Lorbeerkranz in allen Farben, mit aller Liebe arbeitete ich an der Schmückung des Raums, als ich auf die Uhr sah, war es wieder oder noch immer halb sechs *mit sanftem Mut*, du muszt deine Werkstatt eben absperren, sage ich zu Maria G., ich sah eine Frau die Mia Williams ähnlich sah, sie hatte ihre Haare mit weiszem Krepp-Papier umwunden : WIR waren bei Dr.Karl Panzenbeck zu Besuch in der Psychiatrie. *In unserer Courage* setzten WIR UNS in den Hintergrund des ZEUS in der Argentinierstrasze : wir suchten UNS einen Tisch im Hintergrund des Lokals und bestellten UNS griechische Speisen und griechischen Wein, ich brachte es nicht zustande, den Elektriker zu bestellen, im Schlauch hatte ich schon monatelang kein Licht
während ich ein Fuszbad nehme, erinnere ich mich an den französischen Film Stille Tage in Clichy, in dem die

beiden Hauptdarsteller sich in einem leeren Zimmer auf dem Fuszboden lieben, ja oft, sagt Edith S. leise wir brausen nachts an der Buchhandlung Jeller vorüber, lange nicht dort gewesen, sage ich zu Edith S., solltest du aber, sagt sie.
In Bratislava damals, in den eleganten (smarten) Innenstadt Cafés groszes Wohlgefühl in den tiefen Leder Fauteuils, dann, nach Wochen, grosze Enttäuschung über mein häszliches glanzloses Gesicht auf den Fotos, etc. Ach, endlich wieder eine Flugreise in die groszen deutschen Städte, oder nach Zürich, sagt Edith S. beim Verabschieden, während ich lieber zu Hause an meinem Schreibtisch, sage ich, schwebt die Badekappe herunter, 34,9 Körpertemperatur heute früh, ausgetrockneter Mund.
Im Fenster gegenüber Krüge mit grünen Büschen, zwei kl.Waschbecken mit japanischen Bäumchen, Plastiksäcke

6.2.07

71.

lieber Freund,

habe Palmzweige gekauft, habe von dir geträumt, habe geweint weil ich Musik hören wollte aber meine Lieblingsplatte nicht gefunden habe, beim Erwachen hörte ich den Regen gegen die Scheiben trommeln, immer sage ich zu Edith S. ich kann nichts mehr schreiben, ich habe noch nie etwas geschrieben, die gelbgrünen Samen des Götterbaums auf dem Fuszboden, nacktschädelig, der Maler Schmalix nennt sein jüngstes Bild *»mit meiner Hand gemalt«*, habe Trauben gemalt, mein zweiter Name ist Zitta, sagt Carmen T., Bodo Hell weisz dasz Madeleine T. Madeleine von Trautmannsdorff heiszt und Georg K.-T. Georg Kierdorf-Traut, *ach die Allmählichkeit gestorben zu sein*, kannst du denn überhaupt arbeiten, schreibt Elisabeth von S., wenn du diese Zustände hast, wenn es dich schwindelt und du dich nicht wohlfühlst, mit entspannt schlenkernden Armen vielleicht sogar, sodasz ein Schwindel o liebe Zeit, wünsche dir dasz du frei sein kannst und du heiter herumgehen kannst mit deinen vielen Täschchen WIE HIMMEL, deine Elisabeth mit den angegriffenen Lungenflügeln : *sprieszt sitzt so fest im Kobel*, etc., im Fenster vis-à-vis schemenhafte Figur *mit Kniestrümpfen*, die sich wie in Zeitlupe bewegt vom Schrank zur Tür und retour, und die Bottiche in der Küche, ich spüre die weichen Pfoten des Waldes, da bisz die Musik zu, nur Sonne und Wind zum Plündern, René Char, die kl.arme heilige Frau zu ebener Erde, die immer aus dem Fenster schaut, die vielleicht jemanden erwartet, die immer lächelt und in Eile ist, ich habe eine grosze Zuneigung zu ihr, grüsze sie immer sehr liebevoll und respektvoll, ich glaube künstliche Blumen im Fenster vis-à-vis. Damals, nach dem Jazzkonzert in den Sofiensälen, WIR strömten heraus in die Winternacht, groszes Rosenblatt grosze Schemen Landschaft, ER stand vor der Schnee Halde, riesiger Schneehaufen zwischen Gehsteig und Strasze, einer von den Musikern habe IHN über die Schnee Halde gehoben, wir haben alle geweint, ER konnte den Schneehaufen nicht überwinden, ich reichte IHM die Hand, ach UNSER Gefährt von fliegenden Schlangen gezogen, *Valérie B. suchte ein Medium für ihren Hund Duke*, Bewölkung von Sperlingen keuchend mit glitzernden Wolken und Federn am Nachmittag, ER hatte Vogel Compagnon, Artaud schreibt, Sexualität ist Gegnerin von platonischer Liebe, der kühle Wind gegen den Nacken fröstelnd und *flötend*, bin ungeschlechtlich geworden

10.2.07

72.

lieber Freund,

sie holte UNS ab *mit riesigen Blumen* in Bad Ischl auf ihrem Kleid sie kam über den Brombeersteg ich stöhnte, damals im Brombeerwald schwebend, auf dem Balkon im ersten Stock des Häuschens inmitten des Gartens im Verwüsten der Träume, waren *im Plüschlokal* damals in Bad Aussee, im Hinterzimmer vielleicht Bordell, auf dem Weg durchs Städtchen machten wir dort Station, wo auch die bäuerlichen Instrumente in der Auslage, Knopfharmonika Blockflöte, ein Glas Rotwein, einen Fruchtsaft, zimmerwarm, damals vier Tage vor SEINEM Ende mit dem Lift in den Lesesaal des Literaturhauses wo jemand UNS fotografierte, vier Tage vor SEINEM Ende gab ER noch Signale Signaturen – gehe weinend vors Tor usw.
Ausgetrockneter Mund halb drei Uhr früh etwas aufschreiben nicht mehr lesen können am Morgen irgendwelche fahlen falben Kleider anziehen dann Kleider anziehen in greller Farbe damit sich flach in eine Wiese legen, oranges Jäckchen angehabt, nochmals die ganze Prozedur : ausschleichen eines Medikaments (Deanxit) hinter mich bringen, Gisela von W. schreibt, eine Sekunde lang hast du während deiner Lesung ausgesehen wie eine alte Indianerin, an den Wänden die Schatten der Bilder die abgenommen worden waren, die toten Spinnen, so Valérie B. *eine Klage ohne Trauer*, SEINE Augen waren voll Schlaf, Azur im Fenster. Die groszen

Vögel verdunkelten die Sonne, nervöse Anfälle in meinem Kopf usw. Am späten Abend war es ganz deutlich vor mir gewesen, aber am Morgen war es verschwunden, ich hatte es nicht aufgeschrieben, war zu müde gewesen, ich lese »die Orange« von Francis Ponge, sogleich meldet sich mein Verlangen diese wohlriechende Frucht zu verzehren, ich sehe eine riesige blonde Orange vor mir, phantasiere wie ich ihre dicke Schale abschäle begleitet von süszen Düften *dieser Ballon* weitschweifig gewisz, exklusiv –
aus meinem verwüsteten Fenster sehe ich in eine ebenso hoch gelegene Wohnung wo eben aufgeräumt wird von einer *königlichen Hoheit* die mit einem Staubsauger in die hintersten Winkel wischt, was mich anregt, es ebenso zu machen, ich hole den Staubsauger und fange an, alles sorgfältig zu reinigen den Boden die versteckten Winkel der Wohnung die Diwan Polster, ich sehe mich im Traum die gleichen Zeilen aufschreiben wie diese hier, jemand ergreift meine Finger läszt sie in seinem Mund verschwinden, Madeleine von T. wieder in der Konditorei getroffen, auf dem Boden ausgestreckt ihr schwarzer Hund wie ausgefranste Matte, eine Freundin von Madeleine von T. kommt, sie habe die 100 Vögel in ihrer Wohnung, sei Ornithologin, ich überlasse ihr meinen Platz, das Gesicht des schwarzen Hundes verschleiert

13.2.07

73·

lieber Freund,

ist sie dement, schaukele mich in den Wagen, Papa sagte sie und kreuzte die Strasze, möchte mir im Volkstheater Glaube Liebe Hoffnung anschauen, habe Grenzwerte im Blutbild, möchte Hans H. fragen, was hast du in China gebaut habe gestern Johannes Schlebrügge kennengelernt, obwohl, er sagte, er habe mich schon vor 35 Jahren lesen gehört, der Zuckerbäcker sagte, *buschenden Fuszes*, eine junge Frau habe nach mir gefragt, aber er habe nicht Auskunft geben können, ich sei vielleicht in Venedig, aber nein, sagte der Zuckerbäcker er habe mich heute im Supermarkt *in der Schlange gesehen*, bandagierte Rose, nach dem Aufwachen aufsprieszen frohlocken Schlehenblüten, Engel aus Watte an der Wand der Schlafkammer, wenn man aussieht wie Clark Gable, sagt ER, sollte man sich korrekt kleiden, ich sah im Traum einen Text von Elfriede J. vor mir, er war getippt und wies einige grammatikalische Fehler auf, die mit wahnsinnigem Munde ohne Lachen ohne Schmuck ohne Schminke ihre Sprüche erschallen läszt, usw., das ist eine Nascherei, sagt ER, das sind oft ganz wilde Sachen die Honig PATZEN (BATZEN) sind rötlich auf rotem Polsterüberzug wie rote Zungen Zargen verwildertes impotentes Zeug, usw., bin in einen riesigen Saal = Hauptpost eingedrungen, auch Loft, wollte Briefmarken kaufen aber niemand beachtete mich eine Stimme schrie, das Licht ist zu grell, Maria Lassnig erzählte mir von ihrer neuen Wohnung, ein Loft, aber es sei nicht hell genug, eine Behinderung beim Malen, Bodo Hell sagte, der Fuszboden des Lofts das er jetzt bewohne sei aus Zirbenholz, das Zirbenholz bewirke leichteres Atmen, er habe nachts einige 100 Herzschläge weniger, was das Herz schone, im Gebüsch sasz ein gefleckter Vogel, sehr zutraulich, ich näherte mich ihm, *es war eine Celsius Wolke*, ich glaube er sasz in einer Dornenhecke, ich hatte meine Schultertasche umhängen, sie war mir bei der Annäherung hinderlich, Gertrude Stein hatte versucht, den gesamten Kubismus aus der Wiederbegegnung mit der spanischen Landschaft zu erklären, ich sah einen Text von Gertrude Stein vor mir, konnte aber nicht behalten, was darin stand, der heilige Schwan die geknickte Gardine im Fenster, die winzigen Bisse ins Knäckebrot erinnerten mich an die winzigen Schritte der Edith S., wenn sie sich an den Rhythmus meiner Schritte anpassen wollte, der weisze Flieder vor dem Hotel Sacher, ich stieg aus dem Taxi, mein Blick schwankte nach links, da kam mir Hans H. entgegen mit offenem Mantel und weiszem Schal, wir gingen lächelnd und rasch auf einander zu und küszten uns, die weiszen Laken seines Kopfes, *für die Blume das Wort Beben, mein bebendes Herz*

17.2.07

74.

lieber Freund,

deine Blumen deine Briefe –
du sprichst und ich schreibe dir wie im Traum, usw. Gerhard Rühm sagt, ich unterzeichne nie einen Brief mit »dein Gerhard«, nur wenn ein intimes Verhältnis zum Briefempfänger besteht, ach, sagt Maria Lassnig, er ist doch ein Freund, und habe trotzdem seinen Vornamen vergessen, Gerhard sage ich, helfe ich aus, Gerhard Rühm, (war sie zerfetzt)
ich sasz im Café Tirolerhof, sah vor mich hin, jemand lächelte mir zu, es dauerte lange ehe ich ihn erkannte, es war Gustav Peichl, ich sprang auf und begrüszte ihn, hinter mir aber tauchte Valérie B. auf, ich hätte ihn ihr vorstellen sollen, aber mir fiel sein Name nicht ein, Wechsel der Töne, Wechsel als Überschneidung – jetzt ich sehe IHN fortwährend auf der Strasze, möchte manchmal jemanden haben, mit dem ich sprechen kann usw., *ein biszchen Lissabon*, als ich nach Hause kam, nachdem ich mich mit Kevin Perryman getroffen hatte, war mein Blutdruck sehr hoch gestiegen, und ich fragte mich wie die Blumen hieszen im Beet unterhalb des Fensters, aber mich schwindelte, aber ich war glücklich, immer und überall meine einzelnen Handschuhe, auf dem Fuszboden, auf dem Schrank, auf der Bücherkiste während Maria Callas im Nebenzimmer, Mario sagt, damals bin ich am Kamin vorübergegangen, und da war plötzlich die vollendete Seligkeit in mir, Nina

und ich vor vielen Jahren am Persischen Golf wo wir für Nina ein Reinseidenkleid gekauft hatten, das nun ihr Totenhemd ist, usw., wie eine Puppe wie eine Puppe sie hatte ausgesehen wie eine Puppe –
bin an die reclam Erde gefesselt, der greise Nabel ein herabgezogener enttäuschter Mund
ich hatte ein groszes Stück Schokolade im Mund, als es an der Tür läutete, und während ich zur Tür ging sah ich mich im Spiegel, meinen schwarzen Mund meine volle Backe, fragte wer da sei, Ihr Nachbar, ich öffnete, er sagte, Sie haben Ihren Wohnungsschlüssel an der Tür stecken lassen, konnte kaum sprechen, mich kaum bedanken, in meinem Unmut, in ihrem hohen Alter, sollte Mutter betreut werden, wir, Silvie F. und ich schlugen *die Grauen Panther* vor, aber sie weinte und sagte, ich habe Angst vor den Grauen Panthern, seltsam, sagte der Hausarzt dasz du dieses Wort aus mir hast hervorsprieszen lassen, er hatte es doch nur im Unterbewusztsein bewahrt gehabt

20.2.07

75.

lieber Freund,

perlmuttfarbener Morgen, schimmerndes Grau im Fenster, habe mit Angelika Kaufmann telefoniert, erzählte von ihrer Reise nach Jemen, sie *zehre* von dieser Reise, sie sei mit zwölf anderen Reisenden, die sie zum Teil gekannt hatte in einem Geländewagen durchs Land gefahren, habe das Rote Meer gesehen, sie habe während des Fahrens ihre Gedanken in ein Heftchen geschrieben, das Vibrieren des Wagens habe die Schrift undeutlich gemacht, es war ein weinendes Zittern der Schrift, die Skizzen unleserlich, sie habe daheim alles auf andere Papiere herauskopiert, sei sie verliebt, sie sei nackt geschwommen, im Roten Meer, *nur den Hut aufgehabt*
bin fast ohne Bücher aufgewachsen, *habe Elisabeth von Samsonow im Radio lachen gehört, es war ein groszes Glück*, das flehentliche Wasser, ein Rosenpartner, die *heimliche bräunliche* Hügelkette am Horizont, auf einem alten Foto, Februar '27 auf der Rückseite vermerkt, stehe ich mit einer weiszen Wollhaube auf einer Bank im Rubenspark, den es noch heute gibt, neben der Groszmutter (mütterlicherseits) ich reiche ihr bis an die Brust, mit tiefem Halsausschnitt mitten im Winter und aufgestelltem Pelzkragen, ihre grosze Hand hält meine kl.weisze Hand, habe melancholischen Mund, möchte meine damaligen Gedanken reproduzieren, ich war drei.

Wollte das Fieberthermometer in der Apotheke kontrollieren lassen, die Apothekerin sagte, das Gerät ist ganz bräunlich und rötlich verschmiert wie von Fruchtschokolade, sogar die Plastikhülle, ich war beschämt, möchte ein paar mir vertraute Stimmen neben mir haben oder am Telefon, oder *Ätherkehle* nur ein Rotkehlchen das ein wärmendes Feuer ist, usw., habe nicht mehr so viel Potenz, dasz ich neben meiner Prosaarbeit Gedichte schreiben kann, ich hatte damals ein schneeweiszes Krepp Kleidchen an, das die Mutter genäht hatte, trug Pagenschnitt und Vater fotografierte mich, gerade als er abdrückte drehte ich den Kopf so dasz eine schwarze Haarsträhne einen Teil meines Gesichtes verdeckte : verdunkelte, in den frühen Sommern in Deinzendorf zog ich einen langen Ast nach, der mein Hund war, so wanderte ich durchs Dorf, meist mit bloszen Füszen, einmal sprang ich in den Abfallgraben neben dem *Spritzenhaus*, schnitt mir den Fusz an einer Glasscherbe, und einmal sagte ich zur Mutter, das wird nicht mehr gut als ich mir den Knöchel verstaucht hatte *das ist ein abstrakter Tag oder Morgen, wenn die Bienen des Winters*

21.2.07

76.

lieber Freund,

habe alles mitgeschrieben : deine Worte am Telefon : welche Freude, eine Hausbegleitung : die Gegenstände liegen herum : einzelne Fäustlinge, Papierknäuel, Kleiderbügel, Engelkette, Maria Callas im Nebenraum, schluchzend, habe während zweier Träume so viel notiert, heute früh nicht mehr entzifferbar, feuchte Wände eines Nobelbezirks, wir fahren zum Friedhof, Blumen gekauft, eine Kerze, auf SEINEM Grab immer noch der kl.Christbaum *mit Aufputz*, ich weine so viel, lichtblaue kl.Kerzen lichtblaue Schleifen, ich preszte SEINE Hand an meinen Mund, ich habe Durst, ER umfing mich und WIR küszten uns leidenschaftlich, bin erhitzt in meiner Seele, habe keine Eltern mehr und nun ist auch ER mir verloren, das ist nur die Jahreszeit dasz ich ein wenig *einstumpfe* eigentlich schrumpfe. Eigentlich bist du eine Mystikerin, sagt Mario heute früh am Telefon, der goldene Mund des Papstes, sagt er, immer wenn WIR zum Zeus gingen, verzogen WIR UNS in die hinterste Ecke des Lokals das überfüllt war.
Vor vielen Jahren als mich der Schwindel wieder ergriffen hatte, besuchte ich den Neurologen St., und er sagte, schlieszen Sie die Augen und kommen Sie mir entgegen, ich fange Sie auf, wenn Sie taumeln (ich taumelte) – ich werde zur Verhandlung overdressed erscheinen, Mozart macht mich wahnsinnig, ein paar Tage nicht schreiben können weil tiefe Sonne und schon fürchte ich, das

Manuskript nicht zu Ende zu bringen, natürlich in der Auslage *diese Hubertus Kleider*, etc., damals in Bad Aussee, ich komme zu einer angelehnten gelben Tür, das kl.Windhund Orchester wird aufspielen, gehe mit offenem Mund, weil Nase verstopft, der Himmel mit Blüten bedeckt, Michel Leiris, ich frage im Club an, ob es noch Kinokarten gibt, die Kassiererin steht auf und sagt, alle Institutionen damit versorgt, aber ich gehöre zur Akademie der Künste, dort gab es keine Kinokarten wir sind dort alle *moderne Künstler*, etc., ich lebte wieder in Berlin, in einer WG, Charlottenstr. 53/54, ich kaufte Pullover, *die zerfetzt waren*, meine täglichen Segmente, nach der Behandlung beim Augenarzt rufe ich immer IHN an, um IHM zu berichten, ich kenne die Telefonkoje ganz genau, graugrünes Laubdach und ein Schacht in der Strasze (wo Bodo Hell einmal in die Tiefe stürzte), als ER einige Zeit im AKH behandelt wurde, und ich IHN jeden Nachmittag besuchte, traf ich einmal die Malerin Martha J., die mein kränkliches Aussehen bedauerte, kann kaum mehr ein Buch zu Ende lesen, mein Begleiter mein Blutstropfen, während mich Edith S. führt als wäre ich ein Kind, damals, '02, schrieb mir Mikael Vogel, er friere wenig, obwohl der Winter streng sei, weil den ganzen Tag die Sonne hereinscheine und ihn wärme, auszerdem sei der Anblick des *zitternden* Ahornbaums vor dem Ostfenster so liebevoll (zärtlich) dasz es ihm das Herz erwärme, eine Veränderung aller Positionen habe sich ergeben

25.2.07

77·

lieber Freund,

Lianen vor der Tür dasz ich darüber stolpere, ich schnaufe mein Auge blitzt die Mimosen in der Vase hinter mir duften (betörender Hauch), stehe auf der Begonien Veranda, sitze in einer Bretterbude an meinem Klapptischchen, spüre meinen *törichten* : ausgetrockneten Mund, habe Altersdemenz. Cathy Berberian sasz im Rollstuhl, damals, als ich diese Freundschaft mit Hubert Aratym hatte und er sagte immer, Cathy Berberian besasz die Formen einer Birne, Cathy Berberian : die einzige Frau die ich gerne geheiratet hätte, Edith S. begleitete mich Jahre danach zu seinem Begräbnis, sie sagte, das erste Mal dasz ich zum Begräbnis eines Menschen gehe, den ich nicht gekannt hatte, wir rutschten während der Einsegnung im Löszboden ab (auf dem Land), ein winziger Kopf plötzlich auf der Medikamenten Packung, ich war zornig am Morgen, schon wieder die Sonne hereinblitzen zu sehen, stiesz Flüche aus, ich hatte mich immer weniger gern, ich rasselte nur durch den Mund, Nase verkeilt, eigentlich zitternd im Telefon : Giuseppe Zigaina, stotterte englisch weil er nicht deutsch sprach während ich stotterte englisch weil ich nicht italienisch sprach, das liebliche Interesse, ich brauche das Alleinsein um mich in Glut zu verwandeln, ich bin also wieder aufgewacht am heutigen Morgen, als WIR über die Donaubrücke fuhren, fragte ich mich plötzlich : wer ich bin und es war eine

grosze Ängstlichkeit, immer wieder dieses Nichtstun, Nichtsdenken, ins Leere schauen : kommt der Kreation zugute, nicht wahr, wenn WIR ins Zeus gingen, zogen WIR UNS in den hintersten Winkel des Lokals zurück und ich sagte, früher habe ich immer Mavrodavne getrunken, der mir sogleich in den Kopf stieg und mich übermütig machte, Bodo Hell hatte sich in die Kanalisation fallen lassen, etc. Otto Breicha der mir für die »protokolle« immer wieder neue Texte abverlangte, nahm alles was ich ihm schickte, ich hatte noch einen langen Weg vor mir, er lehnte niemals ein Manuskript ab, auch wenn es weniger gelungen war, so hatte er nie meinen Schreibflusz behindert, so wie ich es jetzt sehe, in Rückblende, war es ein vorgezeichneter Weg der nicht gestört werden durfte, X. war mir nicht sympathisch aber während wir redeten, spürte ich wie er seine ganze jugendliche Kraft auf mich übertrug und ich kehrte mit Spitzenwerten nach Hause zurück, ER hatte sich damals mit einer aparten jungen Germanistin, die auch schrieb, ins Tuchlaubenkino verabredet, ER wollte sie vor dem Kinoeingang erwarten, nächsten Morgen berichtete ER mir verärgert, ER habe vergeblich auf sie gewartet und nun wolle ER nichts mehr von ihr wissen – ER war von mir eine Überpünktlichkeit gewohnt gewesen –
immer meine Barbarei

27.2.07

78.

lieber Freund,

hab keinen freien Tisch und keuchte vor mich hin, Maria Callas schluchzt, mein ausgetrockneter Mund der überschwemmte Sessel (oder gar die Evolution) sauge an SEINEM abgewinkelten Ellenbogen, spreche die Marabu Sprache, der Briefträger kam zur Tür, hatte den blauen Morgenrock an, habe dort in Frankreich nähen gelernt, es war ein geliebter Mann ich las alle seine Manuskripte, damals, im Krankenhaus WIR keuchten durch unterirdische Gänge ER trug eine schwere Tasche, ich wurde im Rollstuhl gefahren, ER kam kaum nach, der Schneidezahn ist nun VENEDIG (Michel Leiris), meine Ärztin zeigt mir ein Foto einer ihrer Patientinnen, eine Frau in hohem Alter, faltenlos, mit Babygesicht, einfältiger Miene : wir müssen beide auflachen, *als der Morgen kam bauten sich die Fichten ihre Natur usw.*, die Ärztin sagte, aber du bist doch ängstlich warum hast du *deanxit* abgesetzt, ich sagte, ich wollte es loswerden, ich glaube Cathy Berberian war mit Luigi Nono verheiratet wenn ich zu Herwig N. komme, macht er die Anbetungsgeste, was mich sehr berührt, mein Nachbar (Flüchtling) sagt auf meine Frage wie es ihm gehe, indem er einen Hauch Alkohol in mein Gesicht bläst, Epilepsie – Infusionen, jemand am Telefon sagt, früher ist das Gras und die blassen Pflanzen im Garten immer ganz aufrecht und still gestanden aber jetzt mit dem dauernden Sturm : dasz sie rascheln und

wehen (wanken). Madeleine von T. zeigt mir ein Foto aus unserer gemeinsamen Schulzeit (die Englischen Fräulein) ich ziehe die Schultern hoch, wir bilden einen Reigen, wenn WIR ins Zeus gingen zogen WIR UNS in die äuszerste Ecke zurück, ich glaube es wird alles immer schwieriger und bald wird alles zu Ende sein, ich roch die halbverblühten Mimosen, damals, im Café Hummel hinter UNS die beiden Freunde so leise sprechend dasz ich nichts verstehen konnte, was ich bedauerte : hätte gerne gelauscht, dem einen gelauscht für den ich eine grosze Zärtlichkeit empfand usw.
Immer meine Barbarei : als wir, Georg H. und ich, uns getrennt hatten, sagte er noch, ich hoffte so verzweifelt dasz du doch noch zu mir zurückkommst – als ich eine wichtige Besprechung hatte, rief ich Silvie F. an und bat sie zu meiner Mutter zu fahren weil es ihr schlecht ging und ich nicht kommen konnte, aber sie sagte, *ich bin am Bügeln*, aber dann versprach sie zu kommen. Wie ausgestreute Frühlinge : X. legte sich auf meinen Leib und blieb so ohne sich zu rühren die ganze Nacht, wir nannten es unsere weisze Nacht, die Plantagen auf seiner Schulter und im Zwielicht die neuen Kälbchen . . jemand hatte IHN über die Schneehalde gehoben ich weinte

1.3.07

79·

lieber Freund,

ich weine der Siegesengel in Berlin blitzt in der Sonne, Ginka Steinwachs in der Haydnstrasze, Hansaviertel, die Trauben in der Küche sind geschrumpft (wie mein Wortschatz), ich träume die Nachtluft duftet nach Holunder aber es ist noch Winter, sichtbare und unsichtbare Engel schützen und helfen uns, morgen ganz früh nach Graz, habe so lange dir nicht geschrieben habe so viel geweint weil meine Kräfte schwinden, unsere Irrtümer unsere Unwissenheit sind unsere Feinde, ich habe nicht gemerkt wie die Tage vergehen, Christel F. nach Wien übersiedelt, die Blumen Wanderungen : das gibt mir Kontur, ein regloser Marienkäfer überwintert auf der grünen Couch, Laura Ovenden schreibt, die Ehe macht viel Freude, er ist mein Seelenfreund, immer wenn WIR in den Prater gingen, kehrten WIR beim Tiger ein, ich trug ein enges Gewand und Stöckelschuhe, jetzt wachsen dort die Lianen, ich habe die Bären gefüttert, in einer Wiese im Prater standen WIR einander gegenüber und waren uneins eigentlich zürnten WIR einander WIR hielten Augensprache, es war die Leberblümchenwiese ich weinte viel, der Zeitpunkt des Herzens hier des hl.Herzens ist im Hades auf dem Friedhof gegen elf Uhr morgens, Derrida, das Haareschneiden ist eine hl.Handlung es wird dabei nie gesprochen, *es war das Orient Verfahren*, der Schmerz im linken Auge der Schmerz im Magen, das halbgeleerte Glas Wasser, immer wieder den teuren Blumenstrausz auf einem U-Bahnsitz vergessen, ein winziges Stämmchen Maiglöckchen : die einzige Blume die noch im Blumenladen vorhanden war, WIR verwüsten diese Träume, diese beiden Lederherzen auf den Ellenbogen SEINER Jacke aufgenäht, nämlich in der Vibration

in UNSERER Courage setzten WIR UNS in den Hintergrund des Zeus in der Argentinierstrasze, ich hatte vergessen auf das Schreiben aber ich hatte eine grosze Wehmut – damals WIR waren im Plüschlokal : nachts wahrscheinlich Bordell, tags kaum besucht, in Bad Aussee, auf dem Weg durch das Städtchen, wo WIR UNSERE Einkäufe machten und dann mit dem Taxi zurückfuhren nach Altaussee, Hand in Hand, in Vorfreude auf das Abendessen (die Plüschwange usw.), ein paar Tage nichts geschrieben weil tiefer Jammer und schon fürchte ich, das Manuskript nicht zu Ende schreiben zu können, diese Hartleibigkeit, als ich meinen Knöchel verstaucht hatte, damals mit neun, als ich in den Abfallgraben sprang, sagte ich zu Mutter, es wird nie mehr gut, aber sie lachte, es war eine tiefe Wunde

7./8.3.07

80.

lieber Freund,

zum Obdach gewandelt (die Waldtaube / verlesen), habe jetzt ein Loft im Kamptal, schreibt Bodo Hell, sah einen Vogel ganz grosz und grün und wundersam, *es kommt in Shanghai*, ich wache auf mit dem Wunsch, Christel F. einen *Antrittsbesuch* in ihrem neuen Quartier zu machen, was sie vielleicht nicht gutheiszt, ich fange an, wenn ich allein bin, zu mir zu sprechen, sehr langsam und ruhig als redete ich zu einer vertrauten Person, Michael Schmidt telefoniert am späten Abend aber ich wehre ihn ab und sage, verschonen Sie mich mit der Verfolgung der Pferde und Hunde die Sie einfangen und in den Stall führen müssen
ich weine aus Rührung weil ich ein Stück Brioche wiederfinde säuberlich in ein *Meszgewand* gewickelt am Morgen nach der Reise (Graz), zum Frühstück mit Hagelzucker, hl.Hostie hl.Messe, mit Honig bestrichen : eine Tröstung ein Trost in der Früh – es ist viel von Weinen die Rede, wird der Leser sich denken, und doch ist es meine einzige Zuflucht in dieser Wirrnis (und Schmerzen), und meine Ärztin wird mir raten, diese Untersuchung machen zu lassen nämlich Gastroskopie, die ich so fürchte weil sie mich gänzlich entblöszt. Ich habe geweint beim Lesen deines Briefes, sage ich zu Elisabeth von Samsonow, weil du so viel schreibst, was mir ans Herz rührt, wenn du zB schreibst in deiner Lianenschrift, dasz Gaia jeden Tag um halb sieben

aufsteht und auf ihrer Schulblockflöte »Freude schöner Götterfunken« spielt, wie frei und luftig, der Frühling des Geistes hält Einzug, schreibt sie, weisz du wie viele Leute haben diese *Feuersendung* gehört, in Wirklichkeit bin ich überhaupt nicht als Akademikerin geeignet, vielmehr als Hofnärrin usw., (flötend), ich war viel im Hades im Februar voll der zärtlichsten Ehrfurcht, nämlich floral, kapriziöse Kapitel auf den Wasser Glacis
ich *markiere* mich nicht mehr schminke mich nicht mehr. Obwohl ich *so gerne weine* habe ich eine tiefe Lebenslust, aber fürchte mich vor dem Besteigen der dreistufigen Treppe um auf das Podium zu kommen wo ich meine Lesung abhalten soll, wo auch der Cellist, der in den Pausen Bach spielt, er sasz mir dann beim Festessen gegenüber (der Hemdknopf), aber ich brachte es nicht über mich, ihm ein paar bewundernde Worte über sein Spiel zu sagen, er hatte ein anderes (fremdes) Gesicht, vielleicht aus der Nähe. Möchte saphirene Texte schreiben tatsächliches Blau, wie die südlichsten Wiesen der südlichste Winter, etc., *die kl.hl.Frau ist mir einkaufen gegangen* weil *ich schwindlig war*

10.3.07

81.

lieber Freund,

nur weil ich ihre Handschrift, auf der Rückseite der grünen Kuverts, entziffern kann, in welchen ihre schönen verrückten Briefe steckten (Mia Williams), aus denen ich viel exzerpiert hatte, erinnere ich mich an ihre Adresse (nach so vielen Jahren) Martin-Mayergasse 4, ein Bündel Wegerich, Else Lasker-Schüler, ein Mädchen ohne Kopf das ein Buch betrachtet welches in seinem Schosz liegt, Hagelzucker, man verwendet die Leideform = Leidensform = passive voice, um nicht allzuviel zu verraten »ich werde abgeholt«, wir können nicht wissen, wer der abholende ist, heute ist Sonntag : Mario wird anrufen, um, wie er sagt, »die Tradition fortzusetzen«, er sagt, *ich tue oder ich werde getan*, Maria Callas im Nebenzimmer, ich summe das erste Mal nach drei Jahren eine Melodie, ich summe eine Arie der Maria Callas nach genau drei Jahren, ich sasz neben Bächler er war gerade manisch, redete auf mich ein während auf dem Podium ein Vortrag gehalten wurde (wer hatte den Vortrag gehalten?) : ich lege den Finger auf meine Lippen und bedeutete ihm still zu sein, was ihn verärgerte. Den kl.Kopfpolster habe ich mitgehabt in Graz, ihn wieder zurückgebracht, liege auf meiner rechten Wange, in der Früh wenn ich erwache und im Handspiegel mein Aussehen kontrolliere, sind meine Augen schwarz, es ist gut dasz man allein ist, ich lese fünf Bücher gleichzeitig, alle Bücher voll Lesezeichen mit

Notizen, meine Schultern frieren obwohl geheizt ist, bin appetitlos, bin auf der Strasze schwindlig, gestern fiel mir »Schminke« nicht ein, ER hatte mir oft erzählt, SEIN Vater der Maler war kaufte stets Schminke Farbe, was mir gefiel, eigentlich war er Bankangestellter, aber in seiner Freizeit aquarellierte und fotografierte er, ein braver etwas jähzorniger Durchschnittsbürger der seine zahlreiche Familie über alles liebte, der goldene Morgen im Fenster, das Jahr keucht vorüber, hätte lieber Regenwetter, Christel F. hat begonnen sich einzunisten, ach wie ist sie aufgeblüht, seit sie angekommen ist, die Blutspuren der Vögel an meinen Schlafzimmer Wänden, man entblöszt sich wenn man schreibt, die Entblöszung ist eine Lust, man empfindet keine Scham, aber ich könnte nicht aussprechen was ich schreibe, ich könnte nicht darüber sprechen, ich denke oft an Heinz Schafroth, wir saszen zuletzt in einem Innenstadt Café, und dann, als wir Abschied genommen hatten, versank ich im U-Bahn Schacht ohne zu winken – ich liebe Satie, alles ist da drinnen die ganze Klassik und Romantik, sehe mich gespiegelt in den Armaturen, vieles bleibt uns verborgen

11.3.07

82.

lieber Freund,

auch die Seele wurde gewaschen –
leggings sind wieder in Mode, sagt Edith S. während wir an den Modegeschäften vorüberstreifen, es ist nichts so banal dasz es nicht wert wäre, niedergeschrieben zu werden, habe lange mit Valérie B. am Telefon gesprochen nämlich die Facetten dasz sie ihre Seidenwäsche mit der Hand wäscht und zum Trocknen im Bad, usw., lapidar, ein riesiger Neger im Gedränge der *Tuchlauben* stöszt gegen meinen linken Arm dasz es schmerzt, es verdüstert sich alles in mir, als ich heute erwachte dachte ich an Nikolaus B., schlich dann eine volle Stunde ums Telefon, um ihm zu sagen dasz mein erster Gedanke heute früh er gewesen sei, habe es aber nicht getan, usw.
Lende, Flanke. Mutter sagte ein paar Jahre vor ihrem Tod, ich bin einfach umgefallen, doch ich hatte kein Verständnis dafür, ich bin einfach umgefallen. Die kl.hl. Frau sagte, Edith ist ein ungarischer Name, als ich heute früh mit Edith S. telefonierte, schien sie bedrückt, *Diva* mit ihren riesigen Sonnenbrillen, als ER während eines kl.Spazierganges nicht mehr weiterkonnte, betraten WIR den Laden des Aslan Gültekin und ER liesz sich in den tiefen Lehnstuhl fallen, ich lag im Gitterbett, trug Handschellen und hatte blosze Stellen am Hinterkopf, Carmen T. sagte am Telefon, jemand wie du der in der Sprache lebt musz doch die französische Sprache

beherrschen, nachdem ich bedauert hatte, nicht französisch zu sprechen, obwohl mehrere Male dazu angesetzt, was ist mit deinen Zähnen, sagte jemand leise in der Nacht zu mir, einerseits möchte ich das Manuskript bald abschlieszen, andererseits habe ich Angst davor : was werde ich dann weiter schreiben?, *die Feuer Gardinen in den blauen Fluten des Himmels*, die Forsythia in Blüte, ein blasses Grau, von meinem einstigen Ingenium ist nicht mehr viel vorhanden –
Mutter wurde von einer Fliege gestochen, weiszes Gesicht, statt »gewandelt« »mutiert« verwendet, eine Substanz Übertragung, sagt Mario Retti, die Beweglichkeit des Blutes.
Fritzi Lang, als ihre Mutter starb, lachte sie, als sie dann Jahre später am Randstein kauerte, konnte sie nicht mehr aufstehen, Herzinfarkt, viele Wörter fallen mir nicht mehr ein, nehme andere dafür, die Kalesche schlängelte sich durch die Straszen, ich asz die kernlosen blauen Trauben, die *Spinnenhaare* des Körbchens, in dem meine Aufzeichnungen liegen, breiteten sich auf dem Bett aus, ich werde in Trance sein. Inmitten Florenz mit der langen blauen Kette Sara Barni, und wir stehen auf den verschlungenen Hügeln und unsere Blicke tauchen in die Tiefe der grünen Stadt, ich bin sehr glücklich und es regnet in mein Herz

12.3.07

83.

lieber Freund,

und windstill ihre kleine Stimme auf dem Diwan. Also *die Gurgel der Traun* wie die Traun gurgelt und speit : eine Nostalgie, glitzernd den ganzen Flusz hinunter, die Gurgel im Flusz, die Bank an der Traun das spült die Füsze, hinter der Kirche *das Ringelspiel*, die isabellenfarbene Blumenhandlung, Kreuzzeichen im Himmel, Einkäfigen des Alphabets, welch ein Unglück wäre ich Analphabet geblieben – was hätte ich mit diesem *Ansturm* gemacht wie hätte ich mich seiner entledigt, wie grosz wäre meine Verzweiflung gewesen –
im Schaufenster des Möbelgeschäfts ein kl.schwarzer Hund, bellend. Das Sensorium als ich 16 war, sasz Vater nächtelang mit mir über dem Schulatlas in welchen ich mit Tinte hineinkritzelte was ich mir merken sollte, verwechselte Westen und Osten, schrieb ein groszes W an den linken Rand der Landkarte ein groszes O an den rechten, die Kontinente tanzten vor meinen Augen, und weil ich mir »Finnland / finnisch« nicht merken konnte, dachte ich an Bottnischen Meerbusen Finnischen Meerbusen und schon war das versunkene Wort da, ich brauche die Nähe meiner 96-jährigen Tante, Schwester der Mutter, die Nähe meines Arztes und des verstorbenen Leo N., werde sie alle heute anrufen usw.
Habe gestern Abend Franz Schuh sprechen gehört, habe seinen Wortschatz notiert : eine Liste rasanter rotschädeliger Begriffe, dann flüsterte er zu seiner Sitz-

nachbarin und zeigte auf den Sitzpolster auf seinem Lehnsessel (ich glaube Hämorrhoiden) (Hopkins / Hämorrhoiden), beim Erwachen das Morgenrot *so rosenfingrig* (Sappho?) dasz meine linke Hand *so rosenfingrig*, auch das Abendrot in den Tuchlauben, die Lerche so blau im Fensterrahmen, Maria Callas so jubelnd schluchzend schmelzend, während die sich wälzende Traun usw., ER sei in Ungarn gewesen und habe Esterházy getroffen, WIR haben ihn vor vielen Jahren am silbernen Rand einer Parkanlage wiedergesehen die Umgebung voll Staub : staubige kl.Blättchen an den Dornenhecken *so dasz die Daumen bluten*, die Begegnung war eine sich verneigende, ich erinnere mich wir sprachen nicht viel – kein ewiger Abschied
damals ging Hans H. voraus durch den Akademie Garten, die Ikonen Lianen Zypressen, aber ER kam nicht nach : obwohl ich zuerst mit Hans H. Schritt gehalten hatte, lief ich zu IHM zurück und stützte IHN, auch weinte ich lange.
Kiloweise fettes rohes Fleisch nach Hause gebracht, auf den Küchentisch ausgebreitet, Grausen befiel mich, halluziniere eine Wiese, Waldtaube über der Traun

13.3.07

84.

lieber Freund,

das musz das schönste Blatt werden, die fieberhaften Amseln –
Martin Schongauer : *»die Jungfrau im Gebüsch der Rosen«*, 1473, Detail, ein erblindeter Spiegel, bei der Votivkirche, damals, als ich mit ihm gehen wollte, um mit ihm zu schlafen, lehnte er entschieden ab und eilte davon. Peter Weibel sagt, die gleiche Musik, die uns zuhause unberührt läszt, kommt uns *zauberhaft* vor, wenn wir sie im Taxi hören, ja, sie macht dasz wir weinen, als ich nach der Lesung im Rathaus rasch aufbrechen wollte, hielt mich Cornelius Hell zurück, mit einem mitfühlenden zarten Lächeln und fragte, wollen Sie nicht eine Weile bleiben, ich möchte mit Ihnen sprechen, ich hatte einen Schwindelanfall und hohen Blutdruck und ich fürchtete mich vor den vielen Besuchern, die noch umherstanden, da ich ablehnte, und an die Begegnung nicht mehr dachte, aber heute früh. Eigentlich wäre ich gern geblieben, eigentlich hätte ich gern mit ihm gesprochen, dasz ich weinte, also sein Lächeln vor mir –
die Himmelschlüssel im Hades, Tal mit Fluszlandschaft, und was da deine neue Prosa macht, schreibt Sabine Hassinger, wird das sensationell? gebärdet sich wild? wird vorsichtig? mittelsanft? und welche Elemente kommen zusammen? auch *Metalle*, *Beeren*?
die vielen pensées, Blumen und Küsse (Kinos) vielleicht eine Glaubenssache, ich denke an dich und IHN, so Sa-

bine Hassinger, zumal EURE Bücher ganz in der Nähe meines liegenden Körpers, etc.
Fühle mich wie vor einer groszen Reise, musz zur Gastroskopie, Schlauch mit Lämpchen schlucken, Edith S. ist zum Cobenzl gefahren um die Stadt, um die Schriften, zu erblühen, sagt am Telefon, habe den ganzen Tag geweint weil mir eingefallen ist dasz du einmal wirst sterben müssen . . die Gravur dieses Lebens, von abgrundtiefer Schönheit, die Extreme zerreiszen mir das Herz usw.
ER sagte, ich höre Musik so laut ich will, wenn es dir zu laut ist, muszt du zum Ohrenarzt, dann sind deine Ohren krank usw. Mikael Vogel kommt nach Wien und sagt, Kinder wachsen *fiebers*, Moritz allein nach Amerika, sagt die Physiotherapeutin, ich ging ohne bezahlt zu haben, rannte zurück und umarmte sie, Mutter schwankt beim Spazierengehen in P. und sagte, die Dorfbewohner werden glauben ich sei betrunken, in ihren frühen Jahren las sie »die gute Erde« von Pearl S.Buck, body awareness (Maria Lassnig) : die Füsze sind dünner geworden, aber die Füsze sind leichter geworden, die Fingernägel sind brüchig, die Augen *greifen* nicht mehr, ich vergesse den Rucksack im Schuhgeschäft, meinen Vater sehe ich wohl nicht mehr, obwohl, sein Double mir immer wieder entgegenkommt, wie Fieberschrift, die noch unbelaubten Bäume : Schiele Bäume, im Garten (der ins Schleudern gerät)

14.3.07

85.

lieber Freund,

linkes Auge schmerzt. Sonja H. sagt, ich habe sehr liebe Eltern, mein Vater ist Elektrotechniker, kann alle meine Gedichte auswendig. Ich vergesse das meiste das ich gelesen habe, er hatte einen Siegelring in das oberste Fach des Einbaukastens gelegt, daneben einen Brief mit den Worten »das Leben war schön – ich danke Euch«, ich wuszte sofort beim Anblick des Rings dasz etwas Schlimmes geschehen sein muszte, Mutter hatte ihn ins Spital gebracht
die Fotografin hat einen zauberhaften Garten mit Tulpen und Narzissen, jemand sasz in einem Liegestuhl vor einem Tischchen in der Sonne, manchmal, schreibt Nikolaus B., vielleicht gerade dann, wenn ich das Gefühl habe, ein paar Millimeter weitergekommen zu sein will mir das Herz herausspringen, aus dem Ordinationsfenster hüpfen, will dann keine Leidensgeschichte mehr hören, will mich mit dir (deinem Herz) treffen, eine Art Levitation : irgendwo auf der Strasze, und über deinen Zeilen weitertanzen –
weil ich wegen meinem Schwindel auf der Strasze den Kopf nicht drehen kann, musz ich mich vor allem akustisch orientieren, viele mir unbekannte Personen nikken mir auf der Strasze zu, ich nicke zurück und freue mich –
die Gärtnerin aus Liebe, sagt Bodo Hell am Telefon, hier im Kamptal in meinem Loft, du darfst dann Blu-

men gieszen im Garten, Blumen, Beete, Bäume, Beeren, mit der Blechgieszkanne nach Sonnenuntergang, wie damals in Deinzendorf usw., heute früh drei Kornelkirschen gepflanzt, sind ½m hoch, *blühen vor Laubaustritt*, blaugestrichenes Fluszband, etc., sage zu ihm, heule beim Schreiben, lasse mein Gesicht auf die Schreibmaschine sinken, ja aber, sagt er, indem du über dein Weinen schreibst, entziehst du der Sache die Schwere, habe 32 Fenster im Loft, ich sage, Mutter hatte immer so sehnsuchtsvoll von Gars am Kamp gesprochen, hatte sich in ihrem Alter so liebevoll an diesen Ort erinnert, wollte noch einmal dorthin, wollte ihn wiedersehen, aber ich habe ihr diesen Wunsch nicht erfüllen können, sie hatte, wenn ich sie mittags besuchte, meine Äuszerungen *nachgeahmt*, sie konnte nur noch wiederholen, was sie gehört hatte, hatte nur noch Nachgeahmtes gesprochen, noch ohne Blüten der Oleander vor dem Antiquitätenladen, die Lebensquellen, der Lebensquell, die Denkflüssigkeit
ach die weisze Treppenhand, habe so stark das Gefühl, mein Kopf zerbreche, habe die ersten Amseltöne gehört – *diese fliedernde Welt nämlich Kornelkirsche rotes Herz*

16.3.07

86.

lieber Freund,

die Blutspuren der Vögel, psalmodierend –
du sprichst zu mir und ich schreibe dir wie im Traum, *der Sockel von Rom*, Siegfried U. hatte sich auf der Spanischen Treppe den Arm gebrochen, möchte Georg Christoph Lichenberg lesen, bin demenzkrank, meine Figur löste sich auf, konnte mich schlieszlich nur noch kriechend vorwärtsbewegen, versinke in Isolation und Traurigkeit, wollte Otto B. besuchen, die Sekretärin rannte die Säle und Gänge des Literaturhauses auf und nieder, rief seinen Namen, als ob sie ihn suchen würde
als ich erwachte hörte ich die weiche Stimme einer Taube, Angelika Kaufmann dozierte über Kochrezepte, sie wuszte alles auswendig, ich bewunderte sie, wir saszen in einer Runde von Freunden (Professoren) auch Harry Ertl, mit am Tisch sasz die Wölfin *mit diesen kriegerischen Ohren*, eine lebhafte Sinnesempfindung. Als wir, Georg H. und ich damals durch die innere Stadt spazierten, machten wir immer vor dem Burgkino halt, um die film stills in den Schaukästen am Kinoeingang zu betrachten : man spielte dort immer nur englische Filme im Original, was für Georg H., der anglophil war, einen besonderen Genusz bedeutete, auch ich war damals sehr vertraut mit der englischen Sprache und liebte englische Komödien . . zu seinem Begräbnis konnte ich nicht gehen, weil ich zur gleichen Zeit eine

Lesereise hatte, die ich nicht absagen wollte – wenn man mich nicht lobt, verliere ich meine Sicherheit nämlich das Recht zu zerbrechen, ich notiere während des Telefonierens, *sie hat ein biszchen Entenschnabel, sonst apart*, der Sturm geht aus und ein, Uli wurde taubstumm geboren, Sohn SEINER Halbschwester Roswitha, er ist Fleischhauer geworden, circa 30, er wird nie die Seligkeit empfinden, Maria Callas zu hören, keinen Vogel, kein Liebeswort, kein Beben des Donners – Niki, SEIN Halbbruder, Bankangestellter wie Vater Viktor, drei Kinder, im groszen Gartenhaus
als ich das Kapitel abgeschlossen hatte, breitete ich die Arme aus, brüllte die Wahnsinnsarie der Maria Callas und flog in der ganzen Wohnung umher, ein biszchen Lissabon, schreibt Claudia C.Strausz, nämlich Gebirgsunruhen, man bot mir ein Krügel schwarzes Bier an, damals mit weiszer Zipfelmütze im Rubenspark, mein melancholischer Mund, auf der Rückseite der Fotografie steht 1927, Edvard Munch verwandelte Astlöcher in Sterne

17.3.07

87.

lieber Freund,

mir fällt das Wort »Theologie« nicht ein, ist dein Mann Theologe, höre ich mich sagen, wir sitzen im Gebüsch : groszen Café des Parkhotels, trinken Kaffee, essen Suppe, der Straszenkehrer im Riesenfenster, ich gröle wie ein Tier während ich Maria Callas höre, möchte mein Gewicht reduzieren, der reduzierte Mond, habe eine melancholische Ader von meiner Mutter, ach diese flammende Stimme, gehe mit erhobenen Armen in meinem Quartier umher, löse mich auf, mein Auge badet in den Flugbahnen der Vögel, die schwarzen Vögel im Blauen, drauszen tobte der Sturm, Mario sagt, meinem Bett gegenüber das Turiner Leichentuch lächelt mir zu, in einem Traum, usw., der Arzt sasz kopflos (mit bloszem Schädel) auf seiner groszen Arzttasche am Straszenrand und blickte uns an : Edith S. hatte die Brille abgenommen wir liefen ihm entgegen, sie trug einen braunen Karton unter ihrem weiten schwarzen Hemd, ich schlüpfte unter ihr Hemd, kroch dann wieder hervor. Er war Schauspieler und hatte eine kl.Rolle in einem klassischen Stück übernommen, als ich heute erwachte, das wiederholte Gurren einer Taube, einschmeichelnd, vermutlich auf dem Dach gegenüber, im Radio Mozarts »das Butterbrot« für Klavier, aber es gefiel mir nicht

einmal, wir waren circa 16, bat mich Olga Schneeweis, ihre betagte Mutter : Polin, groszartige Pianistin,

kränklich, einsam, schweigsam, beherrschend, einen Nachmittag lang zu betreuen, weil sie eine wichtige Besorgung hatte, was ich ablehnte : ich hatte keine Lust, einen ganzen Nachmittag bei Olgas Mutter zu verbringen und mir ihre Klagen anzuhören (Emil, Olgas Bruder, hatte Malaria, ich hatte ihn nie gesehen, er war eine geheimnisvolle Person), sie trug es mir nicht nach, dasz ich ihr nicht zu Hilfe gekommen war, ich hatte dann lange keinen Kontakt mehr mit ihr gehabt, wuszte nicht, wie es ihr, der Gleichaltrigen, ging –
bei den Tollkirschen
einmal sah ich sie noch im Historischen Museum, sie hatte ihr Mädchengesicht behalten, wir gingen im Museum umher, die Gespräche stockend. Im Bergschatten der Kuckuck weint, schreibt Bodo Hell aus dem Kamptal, die weiszen Sommerblüten hängen im Schnee, hier melden sich die Spechte aus den Obstbäumen und schrecken die Rehe vom nahen Kamp, jeden Morgen Reif auf den Wiesen in weiszen Flammen der Aprikosenbusch
(ich habe meine Jugend versäumt)

18.3.07

88.

lieber Freund,

die Parabel, Sloterdijks kl.Bewegungen auf seinem Sessel während der Vorlesung, das weisze Hemd und der seidene Schal –
während der Vorlesung musz ich zweimal den Saal verlassen, die jüngeren Hörer *von engelhafter Herkunft*, etc.
Es klopft ans Fenster : Schnabel des Vogels oder die Regentropfen, bin lebensunfähig geworden, Mythos vom aufrechten Gang, sagt Dr.Panzenbeck, weil ich schwindlig bin, Botticellis Flora haucht Blumen aus ihrem Mund, heute nicht wirklich geschlafen vielmehr geschlummert, mit der Wunschvorstellung aufgewacht, schreiben zu können, sitze auf der Bettkante, in den blauen Morgenmantel gehüllt, nimmermüde die Schwermut, die mich zum Schreiben anfeuert, ich sitze bei Sonnenlicht und *Lampenlicht* in der Küche mit *gefalteten Händen*, ich glaube ein Gebet, ein Albatros, junge Fröschin, Charles Baudelaire, will noch einmal zu leben anfangen, du aber *im sagenhaften Feuer Wien*, schreibt Sabine Hassinger, das Pflücken von Gewissensbissen und Beeren, Mikael Vogels Karte aus Viareggio am Ligurischen Meer, an dessen Küste Shelley ertrunken war, usw.
Es ist ein Jammer so geliebt zu werden, dabei müszte ich froh sein über ihre Liebe, *denn sie dauert nicht*, so Heinz Schafroth

habe mit der Zeit verlernt, ganze Sätze zu machen
unter dem Flugzeug, schreibt Ute Fuhr, die schneebedeckten Gipfel von Sibirien und Mazedonien, tiefe Schatten in den Tälern und kl.Wolkenschwärme über den in der Sonne gleiszenden Seen, ganz klarer Himmel
heute morgen fast weiszes Licht, die beiden Maulbeerbäume in unserem kl.Hof, laublos, die Weinreben nur dürres Holz, eine Nachbarin hat uns zwei Eier gebracht und in den Bergen gepflücktes Gemüse, so wie hier das Teilen nämlich etwas aus demselben Teller zu essen : so wichtig wie selbstverständlich auch die Begrüszung : guten Tag, guten Tagesanbruch, gutes in den Tag hinein Erwachen, als neuen Zustand –
wenn das Verfeinerte sich nicht mehr verfeinern läszt, musz man Zuflucht zum Vergröberten nehmen
die Grasmücke im Garten, die glücklichen Augenblikke, Maria Callas durch dein Telefon zu hören, so Valéric B., als ich auf dem Balkon mit dem Bruder stand, muszte ich weinen.
In ihrem hohen Alter vermied sie es, sich vor ihm auszuziehen, sie wartete bis er das Zimmer verlassen hatte

20.3.07

89.

lieber Freund,

hatte ich geschrieben an Heinz Schafroth, es heiszt nicht »mein lieber Freund« sondern »lieber Feund«, fühlte Einsamkeit heute früh, auch Mutter in P., in ihrem Sommerquartier, einmal, als das Gefühl einen Höhepunkt usw. erreicht hatte, stand Erika vor der Tür, mit riesigem Blumenstrausz, die Libellen betraten das Haus, Mutter erschrak und weinte, Erika sagte, ich besuche auch oft SEIN Grab, Peter Fitz verirrte sich während seines Auftritts (bei der Premiere der Sprechoper »Aus der Fremde« : hatten damals am Friedhof in Gumpoldskirchen, wo die Eltern begraben sind, den Titel erfunden), ich meine sein Blick verirrte sich in der Kirchturmuhr, sein Blick hatte sich dort verfangen wie in einem Netz, ich war erschüttert von seinem verirrten Blick, weil ohne Zusammenhang mit dem Text den er zu sprechen hatte, inmitten der Nacht, und es erinnerte mich an den vollen Mond : die erleuchtete Kirchturmuhr der Elisabethkirche, wenn ich zu IHM ging am Abend
freezing die beiden Burschen = Studenten vor dem Radiokulturhaus, mit ihren schwarzen Locken, in welchen die Eisblumen weil es fror, während ich sagte zu ihnen, zwei Freikarten für Sie heute abend weil ich im groszen Sendesaal, in dieser eisigen Bonbonniere lesen muszte, die Lampions senkten sich vor meinen Augen, in allen Farben, und ich liesz meine Stimme : dröhnend : ich dröhnte –

sie nimmt mein Gesicht in ihre Hände als hielte sie ein Gefäsz und sagte, wollen Sie morgen mit mir zur Premiere der »gefährlichen Liebschaften«, ach wischt mir die Stirnhaare zur Seite und sagt, um Ihre Augen besser zu sehen, etc., sie ist Schauspielerin am Josefstädter Theater, sehr gepflegt und alt, *sehr onduliert usw.*
Er hatte an der Tür geläutet und gesagt, vielleicht können Sie mir zu billigen Eintrittskarten verhelfen, ich liebe diese jungen Gestalten, die süsze Reise, *fliedernde Welt*. Fühle mich wie vor einer groszen Reise, vor der Gastroskopie, ich werde am Schlauch würgen und mich übergeben, ich tauche unter, *die Krankheit war ein toller Schatz*, und nach dem Eintreten : die stille Madonna di Loreto die mich besänftigt, mit Pinien Zedern und seltenen Vögeln, das Jesuskind in das Glockenkleid (Glissando / russische Puppe) eingegraben der stillen Madonna, wie die verzweifelte Hauptfigur in Becketts »Glückliche Tage« im Sand vergraben bis an die Brust, Weiszdorngebüsch (sprieszt) aus der Seele, *ich war ein behütetes Kind* oder Herzmagnet – habe mir Jean Pauls »Ideen-Gewimmel« bestellt

21.3.07

90.

lieber Freund,

der eingehüllte Morgen, ich erhebe meine Arme vor Glück wie Flügel als ob ich jetzt fliegen könnte, während Maria Callas im Nebenzimmer. *Löffel wie Hase*, mondfarben, mein Stöhnen : Maria Callas' Morgen Gebet, das Zurückfallen der Mondstrahlen, möchte Sonja H. wiedersehen, heute ein Schicksalstag, war beim Augenarzt weil immer Schmerzen in beiden Augen, liesz Gesichtsfeld Kontrolle machen, fand nachts Auferstehung : fand nichts Auffälliges, musz viel weinen, indem ich es aufschreibe : alles nivelliert, sagt Bodo Hell, meine Glieder die aus dem Fenster hängen, riet mir zum HNO Arzt zu gehen, Sumpf Wiese Kaffee Carrée phantasiere (Gestaltungs) Gestammel, habe »tears again« angewendet, übler Geruch nach Buttersäure, auf meinem Gesicht, trockenes Auge, Samenergusz gelblich verfärbt, Kerzen Café, Sonnenbrille gegen grelles Licht, Serpentinen auf den Cobenzl, trockene Pferde in den Ställen, wenn ich mit dem Lift in den fünften Stock fahre, fahren meine Nerven ein paar Stockwerke höher hinauf, und mich schwindelt sobald ich aussteige, Harry Ertl sagte, muszte er dich denn gerade dann fotografieren (Gerhard Kleindl), als der Wind dir ins Gesicht blies und dir die Haare aus der Stirn strich, etc., keinem bleibt die Gestalt, Ovid, die Metamorphosen was er kerzengerade denkt. ER hatte SEINE Mütze mit dem Känguruh verloren, irgendwo liegengelassen, nachdem der Fotograf UNS vor dem Café Mozart fotografiert hatte, die Freunde hatten IHN über die Schneehalde gehoben, was mir die Tränen. Ihr Herzmagnet, *die Hunde Tugend ein Zwillingsbild*, von Mimmo Paladino . . da wohnte sie noch im zweiten Bezirk, WIR trafen sie an der Brücke, sie trug eine schwarz umrandete Brille, und übersetzte aus dem Ungarischen und Türkischen, jetzt in einem Garten im Salzkammergut (*Sofa*), die Blütensamen segelten durch die Luft, einmal hatte eine Studentin einen Tropfen Rosenöl aufgetragen, erzählte sie, also duftete der ganze Hörsaal, *Barbara Frischmuth*, ich bin sehr glücklich aber ich habe grosze Angst, aber ich liebe viele Menschen, aber ich liebe die jungen Menschen, ich war bestürzt, während der Vorlesung ihn zu sehen, er sasz mir gegenüber, hatte grosze Ähnlichkeit mit Franz Austeda, mein Gesicht ein Schneefeld sehr weisz und breit, ich erschrak als ich mich im Spiegel erblickte, über eine weite Fläche : über weite Flächen das Leben war ausgebreitet, durch die spitzen kl.Zähne hatte die Katze weisze Milch GEPUSTET, der grosze grüne Tannenzweig, den ich am Heiligen Abend mit nach Hause genommen hatte, hat jetzt eine eisgraue Farbe angenommen, der histologische Befund, die Stiefmütterchen, dieses sich Angleichen an eine geliebte Person, Christoph Ransmayr (Autor, *Wahn*) bis Ende Mai MS abliefern, weisz nicht ob es mir gelingt, weil ich ja nur in meinem häuslichen Bereich *bei Sinnen* bin, usw., ER ist furioser Klassiker, die glücklichen Lilien im Garten der Fotografin, dich in den Sommer hinein ans Herz gedrückt

23.3.07

91.

lieber Freund,

sie hatte Hexengestalt, aber ich liebte sie, und wir grüszten uns auf der Strasze, sie ging auf zwei Stöcken, hatte Fadengespinst um die Hüfte, gestern trafen wir uns in der Konditorei, sie las in der Zeitung, du hast Adleraugen, sagte ER, damals hatte ich Adleraugen, ich wollte dasz sie aufs Land fährt aber sie weinte weil sie ihre Wohnung nicht verlassen wollte, ich erhoffte mir mehr Zeit und Ruhe zum Schreiben, wenn sie wegfahren würde, hatte kein Gefühl für sie, muszte später dafür büszen, etc., beim Gehen den Mund öffnen, um besser Luft zu bekommen, auf der Serviette stand GRIMM, habe mich früher oft von Grimms Wörterbuch anregen lassen, Gebüsche der Empfindsamkeit, jetzt nur mit der Lupe, damals in Bad Aussee, die kl.*vorspringenden* Häuser standen den Passanten im Weg, Scharlach Morgen, Groszmutters *Miederleibchen*, weil sie ihre Leibwäsche nicht fand, liesz sie sich neue Wäsche besorgen (Fahrrad Wäsche?), die Lust am Zusehen, Leiris, sie ist an der Tür des Delikatessenladens gestanden und hat in den Himmel *geguckt*, Konditorei und Kino, aus dem Laden hingen die roten Bänder, die riesigen Räder des Emmentaler Käses, die Schinken Röllchen mir in den Mund geschoben, bin ganz grün aufgewachsen, sagt Gudny P., als die Wälder sich wölbten und ich am Eingang des Wäldchens stand und *verging*, ER sagte dann »jetzt oder nie«, und ich habe gelitten.

Ich las Auszüge aus Dostojewskis »Kellerloch«, hoffte so sehr, sie, Elfriede H., ans Telefon zu kriegen, aber es war er, der sich meldete, *sie hätte mir geholfen unter Tränen*, sie war als ich sie vor ein paar Tagen sah, durchsichtig geworden, schmal, introvertiert, sie trug einen Nerzmantel und Jeans, was sehr reizend zusammenpaszte. Billie Holiday rauchte Gras, und wenn sie in den Nachtlokalen sang, weinten die alten Männer in ihre Biergläser –
im Plüschlokal von Bad Aussee, wo es nach kaltem Rauch roch, wahrscheinlich nachts als Bordell in Verwendung, ich bat IHN, meinen Backenzahn auf der Strasze zu prüfen, weil ich Schmerzen hatte, WIR waren unter dem Hausschild ZAHNARZT stehen geblieben, aber ER sagte, *es ist nichts*.
Eine grosze Holzverarbeitungs Fabrik am Waldrand trug SEINEN Namen, WIR staunten, war der Name denn so verbreitet
Petersilien Stämmchen an linker Wange, Edith S. sagte »Prof.« statt »Professor«, mein Begleiter mein Blutstropfen, das umjubelte Leben, du bist süchtig du bist in eine Wolke gehüllt, du stellst die ganzen Suchtkriterien auf den Kopf usw.

24.3.07

92.

lieber Freund,

das Gewimmel. Habe mir Jean Pauls »Ideen-Gewimmel« besorgt, darin gelesen, habe geträumt, dasz ich auf einen Holztisch geschrieben habe, habe zu IHM gesagt, *du bist ein Geist Mensch, ich bin ein Fäkal Mensch*, beim Spaziergang mit Edith S. viel geweint, sehr rasch ausgeschritten, trotz Schwindelanfall, im Café Bräunerhof Musik gehört, ein wenig zu laut, so dasz unsere Gespräche beinahe *untergingen*, etc., kl.Mädchen erscheint und sagt zu mir, ich bin schwindlig, du auch?, sage ich und hebe sie auf meinen Arm. Liesz mir eine Gesichtsfelduntersuchung machen, silberne Sterne eigentlich Punkte flogen auf mich zu und ich muszte eine Klingel drücken, sobald ich einen silbernen Punkt auf mich zukommen sah . . *der Horizont so hundedürr*, hatte mir schon die Schuhe angezogen, weil ich weggehen wollte, aber dann fiel mir der erste Satz dieses Briefes an dich ein, also setzte ich mich an die Maschine, so geschwind wie die silbernen Punkte fliegen die Verbaleinfälle vorüber, ich wollte sie einfangen, mit dem Schmetterlingsnetz, usw., damals trug ich die Salamander Schuhe und einen groszen schwarzen Hut mit breiter Krempe, der Wind wollte mir den Hut immer forttragen, hob meinen Hut in die Höhe dasz ich ihn festhalten muszte, die Begebenheit ist mir in Erinnerung geblieben, weil ich ein Foto fand, auf dem ich meinem Onkel entgegenlaufe, während ich meinen

Hut festzuhalten versuche, Himmelfahrts Geist oder Nerven Geist, der Onkel lachte auf diesem Foto und breitete die Arme aus, dasz ich in seine Arme flog, ich trug einen schwarzen *Kindermantel*, den später meine Mutter trug, so schmal war sie geworden –
muszte mich neben dem WC niederlegen so ohnmächtig war ich : taumelte zum WC weil ich hohen Blutdruck hatte, setzte mich dort auf einen Küchenschemel, die Schwertlilien blühten im Vorgarten des Hauses in Deinzendorf, ich kniete vor den Schwertlilien nieder, neben dem Haustor die beiden hohen Birnbäume die so grosze Birnen abwarfen, dasz wir sie zum Kauf anboten, kommen Sie, kosten Sie! usw., *»mühte mich mit dem Büchlein, schreibt Frau Glass, 97-jährige Nachbarin, weil fast blind, wünsche Ihnen Sie mögen Ihre Genialität bis ans Ende Ihres Lebens nämlich die Lieblichkeit schön behalten, Verzeihung für die Schrift, bis ans Lebensende, usw.«*,
vielleicht ein Hund kratzt an der Tür

26.3.07

93.

lieber Freund,

ach lieber Gott ach hl.Geist wie beschenkst du mich – *drauszen in der Wunde* vor meinem Fenster die verschlungenen grauen Gewänder der Morgen Geheimnisse, während die milchigen Tannenbäume und -schwärme tanzen vor meinem Fenster, traf gestern nachmittag den Augenarzt mit dem englischen Schal, vor ihm der turbantragende indische Philosoph den er durch die innere Stadt führte, in den Lüften die Fiakerpferde mit den vermummten Ohren : rote spitze Ohren : *Öhrchen* wie Faschingsfigur, habe mich herumgetrieben in meinem Traum, Geh- und Schnee Tausender, ein Berg? die schimmernden Knie beim Ankleiden ich glaube furios, dieses *ansteckende* beinahe erschreckende Lächeln (Lachen) der drei Krankenschwestern, die mich mit offenen Armen empfingen, vor der Gastroskopie, als ob eine beglückende Überraschung, ein unerwartetes Geburtstags Geschenk bevorstünde, ich drängte die Tränen zurück und mir wurde schlecht
damals sie hatte mit ihrem Ehering am Hl.Abend an die *Wasserkanne*, die auf einem Hocker stand, *geklingelt*, zum Zeichen dasz die Bescherung anfange, ich trabte (trippelte?) ins Weihnachtszimmer und war erschrocken von dem Glanz dieses Zimmers, war ein wenig neugierig, ich stürmte nicht ins Zimmer hinein, ich machte ganz kl.Schritte, die Eltern lächelten, küszten mich – musz ich mir Sorgen machen, sagte Rein-

hard Deutsch am Telefon, als ich ihm sagte, dasz mich schwindelte, als wir uns wiedertrafen, vermieden wir es, uns mit unseren Vornamen anzusprechen
gestern früh ein Blutergusz und Schmerzen im linken Auge, vier Uhr früh und hohen Blutdruck, *Gitterbett (übergestreift)*, *das Herz des Frühlings* (Yeats), die junge Bettlerin, nicht in Bettlerposition auf der Strasze, umhergehend, Zigarette rauchend, lächelt mich an und sagt, fahre heute zurück nach Ungarn
tyrann'chen zierlich in Lumpen von Plüsch : Requisitenkammer die voller Augen ist, vor wenigen Tagen wieder Madeleine von T. beim Zuckerbäcker getroffen, zu ihren Füszen der schwarze Pudel, sie sagte, die Tierärztin, die den Pinguin im Schaufenster hat, kann keine Injektion verabreichen, gab meinem Hund selber die Injektion, sie sagte nachdenklich, deine Mutter hatte wunderbare blaue Augen, ja, sage ich, veilchenblaue vergiszmeinnichtblaue Augen, die rhetorischen Blumen, Ponge

29.3.07

94·

lieber Freund,

so ohnmächtig auf Knien und Händen, Maria Callas schluchzend, *vorgebeugt* zu den blauen Weintrauben, Hutter *der natürliche Sohn*, beim Gespräch mit Christel F. fiel mir der Name Gütersloh nicht ein, hatte den Geschmack des Namens auf der Zunge, betete ihn an doch er erschien nicht, das Gewimmel am Sonntag nachmittag auf der Kärtnerstrasze, die Straszen Musikanten, in der Mitte der Kärntnerstrasze das Pianino, in der Kälte der Nacht, die Japanerin spielte Chopin, *das griff mich an*, bitte lesen Sie die letzte Seite dieses Buches zuerst, ein Bettler wie ein Hund halb liegend auf dem Gehsteig, die Hände geöffnet vorgestreckt, von niemandem beachtet, die Aquarelle von Maria Gruber »unterwegs mit Satie, Ravel und Debussy« in Paris, der Schmerz im linken Auge, Reinhard Deutsch küszt mich zum Abschied auf beide Wangen, streift dabei meine Lippen
in einer Loge des Café Museum der Maler Ringel und sein Anhang, in einer anderen der verstorbene Gütersloh umringt von GEMEINDE, auf einem Thonet Sessel Peter Sloterdijk mit drei aufgeschlagenen dicken Büchern, aus denen er exzerpiert, im Café Museum damals, vor der Renovierung. WIR saszen in Ringels Loge wenn er nicht da war, ich ging zum Telefon und rief meine Mutter an, dort spielten sie Schach usw.
Christel F. heute im Café Museum, die Lampen brennen auch bei Tageslicht, ein Windstosz durch die offene

Tür, Alexandra liebreizende Person (Germanistin), die kl.*herzigen Buben*, sage ich zu Edith S., liegen im Wagen, Elfriede S. sagt, du solltest am Stock gehen, wieviel deiner Körpergrösze hast du in den letzten Jahren eingebüszt, du warst doch einmal sehr grosz usw.
Am Heimweg ich stöhne, die regennasse Bergstrasze in Bad Ischl, mit Ehrenpreis, Pilzen, Gebüsch und riesigen Kastanienbäumen (tiefe Allee), ein weiszer Schirm wie Blindenstock, *Wunde am Horizont*, diese Nacht lag ich mit meinem Mohair Pullover im Bett, hatte vergessen mich auszuziehen, Franz A. sagte immer zu UNS, Sexualität ist alles (die Hauptsache) aus der Lebensprosa (Jean Paul), die vielen Bücher, die ich angefangen habe zu lesen mit den vielen Lesezeichen : Ausnahme : Nathalie Sarraute's »Tropismen« die ich vier Mal gelesen habe, als ich mich damals, kurz nach SEINEM Tod in die Zunge gebissen hatte, dasz es blutete, und meinem Arzt drüber berichtete, fing er zu lachen an

30.3.07

95.

lieber Freund,

WIR saszen auf der Parkbank in Venedig und das RAI Fernsehen interviewte IHN über SEIN Stück »Aus der Fremde«, das am Vorabend in einem kl.Theater in italienischer Sprache aufgeführt worden war, ich sasz neben IHM *und sasz mit angezogenen Beinen und war exzellent usw.*, die Puppen Wäsche = Puppen Tasche für Gaia hing : rosa mit gestickten Blumen an der Klotür, ich fing Feuer nämlich mein Taschentuch fing Feuer, Sils-Maria schrieb ich auf die Pelzhaube, während drauszen das *taube* Morgenlicht . . während Valérie B. im Nietzsche Museum in Sils-Maria weilte, bin ich in Bad Ischl am Stadtmuseum vorübergegangen, das immer gesperrt war. *Ich bin dement*, während ich die Lieblichkeit schön behielt, die Silberfischchen = Silberfüchschen auf dem WC, damals mit IHM Pizza essen gegangen, so Mario am Telefon, würde so gerne Vollnarkose bekommen, um eine Weile nichts zu wissen von mir

ER kannte einen Mr.Lily, von dem ich mir gerne erzählen liesz, und ER kannte einen Dr.Lill, der SEIN letzter Zahnarzt war, während ER sich behandeln liesz, *narrte ich in der Währingerstrasze umher*, holte IHN dann ab, und die Praxis war in der Nähe des Sophienspitals, in dem Martha Jungwirth einmal operiert worden war. WIR saszen in der Kantine des Krankenhauses, und ER hatte eine gebrochene grosze Zehe, und die Ärzte, die vorüberkamen, fragten, wie geht es Ihrer groszen Zehe, und alle hatten nur SEINE gosze Zehe im Sinn, dasz sie nicht abgenommen werden müszte, ich hatte Angst und WIR saszen auf unbequemen roten Plastikstühlen und ich brachte IHM Kaffee und Kuchen und ein Glas Rotwein, vielleicht würde ER seliggesprochen, ich habe viele Bücher auf dem Rand meines Bettes liegen, musz Billie Holiday bestellen, das Charismatische ihrer Stimme, etc., ZWIRN Café : macht mich betäubt usw., mähte mich das Bächlein nieder, schluchzte, schluckte, verschluckte den Flusz der das Ufer überflutete, nämlich leckte wo WIR saszen unter groszen Sonnenschirmen im Garten des Café Zauner, in jener Nacht lag ich in SEINEN Armen und durch die Luke sah ich *ein Büschel Sterne*, hörte den Sturm (die günen Pfoten der Engel) nämlich das Angewurzeltsein, möchte gern Kalif Storch lesen, Mia Williams las gerne romantische Märchen, das schwarze Gewirk meiner Schlangenhaut zerrte an meinen Nerven, sasz mit Hans Haimerl unter dem Apfelbaum, in dessen Schatten, an den Schläfen rann mir der Schweisz und wir redeten lange zusammen, er hatte einen Springbrunnen entworfen, den er »die Wolke« nannte, wir schrieben einander oft, Bodo Hell schreibt mir die Karte »Vogelkonzert« von Melchior de Hondecoeter, in Gedanken an den jüngst in seinen Vogelhimmel eingegangenen Georg Jappe schikke ich dir dieses Vogelkonzert, wobei, wie man sieht, nicht alle Vögel ohne Noten zwitschern können . .

31.3.07

96.

lieber Freund,

mit Mutter *zum Kelemen*, billiges Warenhaus, jüdisch, Wiedner Hauptstrasze, kaufte billige Stoffreste : Blümchenstoffe Flanell Kartun Seide, schneiderte daraus Kleider für mich, wir gingen gern *zum Kelemen*, ich an ihrer Hand zärtliche Liebe, Himmelstrakt. Lese in den Fusznoten eines Buches den Namen eines Dichters der mein Interesse weckt, besorge mir ein Buch dieses Dichters, lese darin ein paar Seiten, lege es weg, usw. Das Verlangen danach, diesem oder jenem Menschen zu begegnen, ist zu unterdrücken, sage ich zu Edith S., zugunsten des Machens von Poesie – die *herzigen* kl.Buben liegen im Wagen, ich sehe sie auf der Ringstrasze : diese Wunde in meiner Vergangenheit, in einer funkelnden Nacht, sage ich, wenn wir die Wälder durchsausen, Josef Winkler schreibt, am Gründonnerstag fliegen die Glocken nach Rom, *schau dich an aus bodenlosen Augen*, Hans Arp, Resedenflor, habe Peter Weiermair zufällig im Café Tirolerhof getroffen, ihn kaum wiedererkannt, war fünf Jahre in Bologna, habe mir einen Loft gekauft, wohne jetzt in Wien, usw. Christel F. sagt, zu beiden Ohren die Seidentücher bei Nacht bei offenem Fenster, links und rechts an den Ohren die Seidentücher, im Hof die Föhren, Magnolienbäume, Narzissen und Anemonen. Als ich an der Endstation der Straszenbahn ausstieg, sprach mich ein schöner schwarzlockiger junger Mann an und fragte,

wo kann ich Augen wie Schaljapin bevor er starb bekommen, eine Therapie wenn mir am frühen Morgen die Tränen stürzen und meine Augen baden, sie greift mir an die Wangen, nimmt mein Gesicht in ihre Hände und wischt mir die Stirnfransen zur Seite und sagt, um Ihre Augen besser sehen zu können, und sagt, wollen Sie morgen mit mir zur Premiere der »gefährlichen Liebschaften« gehen, sie ist Schauspielerin am Josefstädter Theater –
aber jetzt Jammer und nichtig, wie sich das alles kombiniert, so Sabine Hassinger in ihrem jüngsten Brief, in dem sie die Zeilenanfänge immer mit groszem Anfangsbuchstaben schreibt, als schreibe sie ein Gedicht in alter Façon : welche Elemente kommen zusammen? auch Metall? Beeren? *zumal mein liegender Körper wie Tränen im trockenen Fluszbett*, etc., der Augenarzt sagt, da wird es dunkel, und meint damit das Erblinden, Ginster und Küchenschellen in seinem Garten, es führt alles auf ein Symbol hin, ich steure nichts an, die Dinge kommen von allein, sage ich zu IHM, SEINEN kahlen verschwitzten Kopf, SEINEN geliebten Kopf umschlungen haltend, Mario sagt am Telefon, du bist ein Liebling Gottes, Mario und Silvie glauben an die Wiedergeburt, damals den groszen schwarzen Hasen an der Autobushaltestelle in Rohrmoos gesehen, der mich tröstete, als ich zum Augenarzt nach Schladming muszte, *Wanderhimmel*

2.4.07

97.

lieber Freund,

habe Feuer gefangen, habe Artaud gelesen, an der Litfaszsäule ein Plakat mit einem Jugendbildnis von Antonin Artaud usw., Hans H. und ich gingen an Artauds Bildnis vorüber, wir erkannten den Geist des Wahnsinns, wir blieben lange vor dem Plakat stehen, umarmten uns als wir uns trennten, ich sagte dem Taxifahrer, fahren Sie zu Artaud am Kokoschkaplatz, aber er wuszte nicht wo es war, Artauds Lieblingsmalerin war María Izquierdo, in deren Bildern des zeitgenössischen Lebens (ein Mädchen entkleidet sich vor einem offenen Fenster) *eine alte Esche leuchtet*, eine schräge Sonne deren Quelle irgendwo liegt, usw.
Silvie hat eine spiritualistische Haltung eingenommen, ich habe ihr Geld geschickt, aber der Briefträger hat den Brief mit dem Geld abgefangen, *ich bin umnachtet, ich bin ein Veteran, ich bin nachtwandlerisch*, ich habe Angst vor dem Abschlusz dieses Manuskripts, vielleicht werde ich ein Supplement schreiben, jemand auf der Strasze, schreiend, *hast du was zu saufen*, ich bin sehr erschrocken, dieser Schmerz Brunnen in Deinzendorf, damals wir fuhren wilde Alleen wilder Apfelbäume nach Deinzendorf, Vater chauffierte, er fuhr rasant, die Bäume rasten an uns vorüber, etc.
Hatte gestern nacht vor dem Einschlafen vergessen, den Fernsehapparat abzuschalten, so zitterte seine Stimme durch meinen Schlaf –

wieder in die Zunge gebissen, die Rösser bei der Albertina mit Ohrenschutz, lauter Schimmel, ich jage durch die Operngasse, habe Schwindelanfälle beim Spazieren, habe Elisabeth von Samsonows neues Buch »Anti-Elektra« bekommen, die HNO Ärztin sagte, stützen Sie sich auf einen Schirm und gehen Sie ein paar Meter langsam die Häuserwände entlang, ich werde Ihre Ohren untersuchen, sie flüsterte eine Zahl (abgewandt), und ich muszte die Zahl wiederholen, was mir gelang, also waren die Ohren intakt, links und rechts ein *Ohrentüchlein bei Nacht bei offenem Fenster*, sagt Christel F., Dienstag in der Karwoche.
Während ich mir die Nägel feilte, fiel mir das Wort Anästhesistin wieder ein, Mutter ging der Anästhesistin entgegen mit langsamen unsicheren Schritten und lächelnd, als ob sie einer guten Bekannten entgegenginge, am nächsten Tag eine Operation, Mutter ging ihr entgegen, Mutter hatte die Arme ausgebreitet, sie fürchtete sich, sie verlangte nach Zuspruch – ich traf dann Jahre später die Ärztin, die in meiner Nähe wohnte, oft, und immer sprachen wir von Mutters vertrautem Umgang, damals (Wechsel der Töne)

3.4.07

98.

lieber Freund,

diese Zeilen von dir setzen mich wieder zusammen, machen aus mir wieder ein Ganzes. Bin kahlgeschoren, Marcell Feldberg schickt mir die Matthäus Passion, heute Gründonnerstag, bin azurblau, habe Plagiate geschrieben, auf dem Rasen Maria Callas, in Griechenland, dort waren WIR einen Sommer lang, Salz war in einen Flusz gestreut, WIR sprangen über die Steine im Flusz, ich hatte ein Gedicht geschrieben, jemand, der Jürgen Becker ähnlich sah, verwechselte mich mit Ingeborg Bachmann (was öfter geschehen war), plötzlich fingen alle an griechisch zu sprechen, das Gesicht einer Katze, in meinem Schosz die Notizen, ein ganzes Leben voll Notizen, ein Brombeerschlag, die Pappelkätzchen, habe ein ganzes Leben auf eine Seite niedergeschrieben –
damals mit X. auf der Museumsinsel in Berlin, klirrender Winter, mit offenem Jäckchen ohne Mantel und frierend an seiner Hand in den nächsten Museumskomplex hinübergesprungen, die vielen Mystik Büchlein, sah die Schrift auf dem Titelblatt, *die Überflügelung von Liturgie* usw., wollte mein ganzes Leben auf einer Seite unterbringen, weinend bei wilden Erinnerungen, also *die ganze Lebensprosa* (Jean Paul), also blind in die Tasten geworfen bin doch nur ein kl.Ding (mein Hirn) verglichen mit dir (mit deinem Geist und deiner Persönlichkeit), schon lange entspricht meine äuszere

Erscheinung nicht mehr dem Bild von mir das ich in mir trage
damals mit X. nach Berlin, ER begleitete uns zum Autobus, der zum Flughafen fuhr, schenkte mir eine Rose als ob ER mich bitten würde, vergisz mich nicht, usw.
Wir hausten in einem offenen Koffer, der, aufgeschlagen, uns gegen die Auszenwelt abschirmte, zogen uns dahinter an und aus, unser Zuhause, die verblühten Veilchen im Krügelglas, wollte etwas Besonderes schreiben, weil es das vorletzte Blatt, usw., ich laufe an jeder Hecke Buschwiese, an jedem Eichenhain zurück an Sträuchern Blättchen Ästchen um IHN zu suchen, begegnete Spuren von Vogelfüszen, waren es SEINE Fuszspuren?, eine Rückgeisterung : die Plantagen auf SEINEN Schultern und im Zwielicht die neuen Kälbchen. Ich treffe Kevin Perryman im Café Tirolerhof, er habe einen Roten Milan über den Feldern schweben gesehen, ich frage ihn, was ist ein Roter Milan, er sagt, eine Gabelweihe, eine Blondine mit Regenschirm am Kaffeehausfenster vorüber, den sie schultert wie ein Gewehr
ich sage zu IHM, flüstere in SEIN Ohr, *habe ein Buch über Körperbewusztsein geschrieben*

5.4.07

99.

lieber Freund,

ich bin ein Sohn von Marlon Brando, sagt Michael Schmidt (Motto Flieder), vielleicht hätte ich dich lieben können, wenn nicht ER *immer noch in meinem Herzen*

5.4.07